失われた近代建築の記憶

中村区に大正末期から戦前昭和期にわたり建てられた近代建築の中で、現在まで残っているものは数少ない。ここに掲載するのは、昭和末期から平成初期にかけてフィルム撮影したものの中から、すでに取り壊され消失してしまった建物の写真である（一部現存、平成末期撮影含む）。旧き良き豊かな時代に造られ、装飾に富んだ意匠の彩るこれら建物の幻影は、人々の過ぎ去りし遠い過去の記憶を呼び覚ます。

写真…加美秀樹

中村花街（「明粧　夜の名古屋」東邦電力株式会社名古屋支店、昭和12年）大門屋所蔵

中村花街（「明粧　夜の名古屋」東邦電力株式会社名古屋支店、昭和12年）大門屋所蔵

本家長寿楼★（現・松岡健遊館）日吉町

中村遊廓建築群

大正12年（1923）～
中村区日吉町・寿町・大門町・羽衣町・賑町
屋号は昭和12年（1937）当時のもの
★印は現存

稲本楼別館 日吉町

紅園 日吉町

新長寿 日吉町

別館千寿楼 寿町

恵美十 ★ 寿町

自由別館 寿町

白馬 寿町

銀波　大門町

鶴乃家
★ 寿町

新金波　大門町

西金波 ★ 大門町

牛若楼 ★（現・蕎麦伊とう）大門町

東銀波 大門町

森田楼

★ 大門町

久松楼

大門町

杉浦楼 羽衣町

新福楼 賑町

春海楼 羽衣町

旭座 ★（現・中村映劇）名楽町

木造2階建
昭和前期

寿湯 寿町

木造2階建
昭和前期

名古屋駅

設計：鉄道省
施工：大倉土木・銭高組
SRC造6階建地下1階
昭和12年（1937）
名駅1丁目

日本赤十字社愛知支部名古屋病院

設計：愛知県営繕課
施工：志水組
SRC造3階建地下1階
昭和12年（1937）
道下町3丁目

稲葉地配水塔

★（現・名古屋市演劇練習館）

設計：名古屋市水道局
施工：淺沼組
RC造5階建
昭和12年（1937）
稲葉地1丁目

万常紙店

設計：篠田設計事務所
RC造3階建
昭和8年（1933）
名駅南5丁目

荒川医院

RC造3階建
昭和10年（1935）
名駅南5丁目

新田ベニヤ

設計：木氏某
施工：清水建設
RC造3階建
大正12年（1923）
名駅南1丁目

三越湯

★（現・そら豆）

木造2階建
昭和6年（1931）
名駅3丁目

大一美術館収蔵のガラス工芸

エミール・ガレ　Emile Galle

ジャンヌ・ダルク文花器 Jeanne ‘dArc Vase

（高さ 43.1cm）制作年：1889 年

器中央には騎乗し剣を持ったジャンヌ・ダルク、その前部には騎乗し槍を持ったナイト、後部には複数の兵士が描かれ、側部には、「我々の求める平和とは敵の退散にあり」という詩が刻まれた、ガレの愛国心を表した一点制作品です。1889 年パリ万国博覧会出品作

ドーム兄弟　Daum Freres

チューリップ文アップリケ花器　Tulip Vase

制作年：1900 年

オパールガラスに緑色ガラスを重ね、さらに赤、黄のガラス粉をヴィトリフィカシォン技法でまぶしつけている。当時のドームがガレにも劣らぬ技術力を有していたことを示す、ドーム兄弟の代表作。

＊本書 114 ページ参照

名古屋の歴史と文化を楽しむ 1

中村区まち物語

柴垣勇夫 編著
Isao shibagaki

風媒社

はじめに

文…柴垣勇夫

秀吉、清正生誕地として著名な中村区は、武将の輩出のみならず街道筋の諸施設が古くから設置されたり、原始古代には徐々に人口が増加する傾向を見せるかのように土器の出土が伝えられたりしている。

また古代には愛智郡の中でいち早く中村郷や千竃郷といった集落が記録されたりした。中世には荘園公領制のもと伊勢神宮の御厨として活発な生産を展開する農村経営がおこなわれた荘園がみられ、やがて戦国の世に活躍する豪族たちの下地が生まれていった。

また近代は、名古屋駅の建設により産業振興の機運が顕著となり、諸工場が建設される。

やがて人口増加に合わせて役所・公園・病院・文化施設、遊郭・商店街などが整備され区全体に活況を呈する地域となった。そうした歴史と文化の生み出された背景を探り、その痕跡や現況を訪ね歩くことを楽しみながら、その場所を今の生活環境の中に位置づけようという試みをこの本では目指す。

この種の案内本は、あふれ気味の状況だが、その中に切り込んで新たな視点を提起するのは並大抵のことではない。地図、遺跡、城跡、街道といった各種の視

図1　名古屋駅周辺の高層ビル群とささしまライブ24から中村区北西をみる（2017年）

点から立て続けに出版されている地域史や散策ガイド本があふれるなか、後出のシリーズ本として「歴史と文化を楽しむ」ことを目指す本書は、地域の中にまだ埋もれている歴史と文化を掘り起こし、愛着を持って郷土を生きることへの希望を込めて叙述する。

その視点として、次のことがあげられよう。

①考古遺跡と無縁の土地と思われてきたこの地域にも素晴らしい土器の出土があったことは、地形と稲作と無縁ではないこと。

②そうした稲作農耕文化が底流にあってその改良を進めて生産を高めた地であることが古代から近世への発展を示しており、地域の誇りと考えていいこと。

③地域の発達を地図の変遷からたどると、文化の根付く方向と広がりを示していること。

④街道の発達と各地のまつりがそれを支え、それぞれの地に文化を育ててきたこと。

⑤区の中心地に中村公園があり、豊国神社の建立が一つのシンボルとして近代の発展をまとまりあるものとしてきたこと。

以上の事象を明らかにすべく諸種の変遷を眺めるのが本書の目指すところである。

しかし市街化への加速が鉄道の敷設と連動しつつ一方で分断する地域をもつくった。それによって地域の発展に差をつくってきたことも否めない。それらをどのように克服していくかが今後の問題であろう。

リニアの開業にむけて大きな動きを示す名古屋駅西地区、笹島ライブの今後の動きなど歴史と文化との関わりで大きく変わる。中村区の持つ特徴を楽しみながら今後にこれらの文化と伝統を伝えることも地域住民の大きな役割と思う。

図2　中村区南西部を流れる庄内川とその周辺（2017年）

名古屋の歴史と文化を楽しむ1 中村区まち物語◉目次

【文化編】

中村区の位置とあらまし

文…柴垣勇夫

中村の地名

洪積台地である名古屋台地（地質学上は熱田台地という）の西部にあたる中村区の地は、庄内川の氾濫原として形成された沖積平野であり、ところどころに南北に細長な自然堤防状の様相を示す島畑を見せながら大部分は湿地帯をなしていた。そうした沖積平野の中央部で安定した地形の場所を選び集落を形成していったのが中村の地名なのであろう。

とくに縄文時代後期（今から3500年ほど前）頃から陸地化が進み、幅広な微高地状の島畑ができると縄文人の生活の痕跡がこの中村区にも認められるようになる。中村遊郭の造成のため掘削された道下町遊里ヶ池（現 第一日赤病院）から出土した縄文後期の土器がそれを物語っている。

弥生時代になると庄内川左岸と洪積台地の間の低湿地帯地域でも肥沃な土地が形成され、西日本から新たに伝わった稲作農耕が始まる。この中村区でも名古屋駅前の広井町付近で弥生時代前期の土器が出土している。その後やや空白時間をおきながら5世紀の古墳時代中・後期には、耕作地はさらに広がり、岩塚町地域には古墳群が形成されている。おそらく中村区全体に微高地上に集落が広がり、ところどころに古墳群が築造されたのであろう。

最近須恵器の完全な形の壺が中村区栄生町在住の方から名古屋市博物館へ寄贈された。これは中村区に接

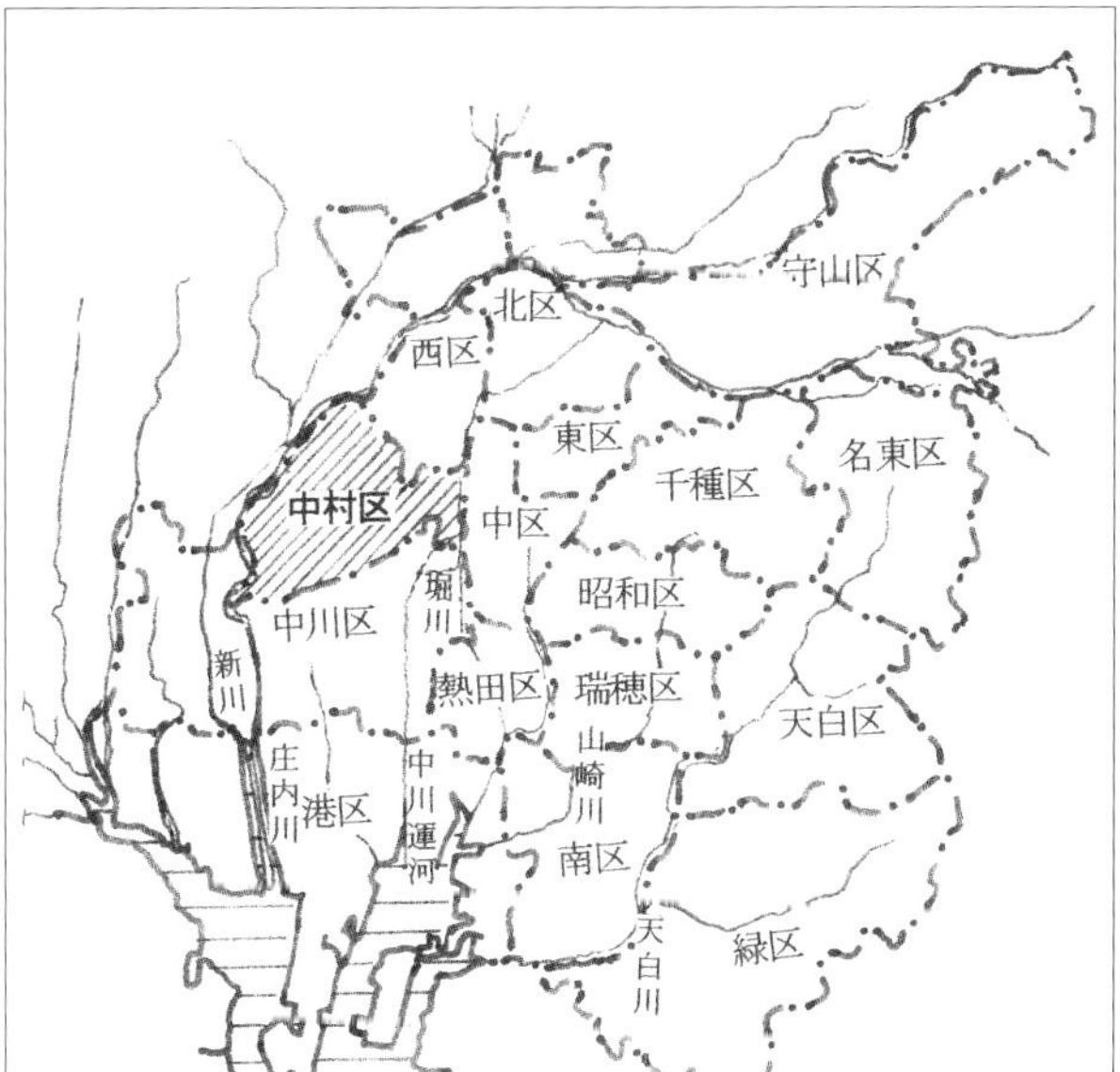

図１　名古屋市区域別全図と河川図（西部に中村区がある）

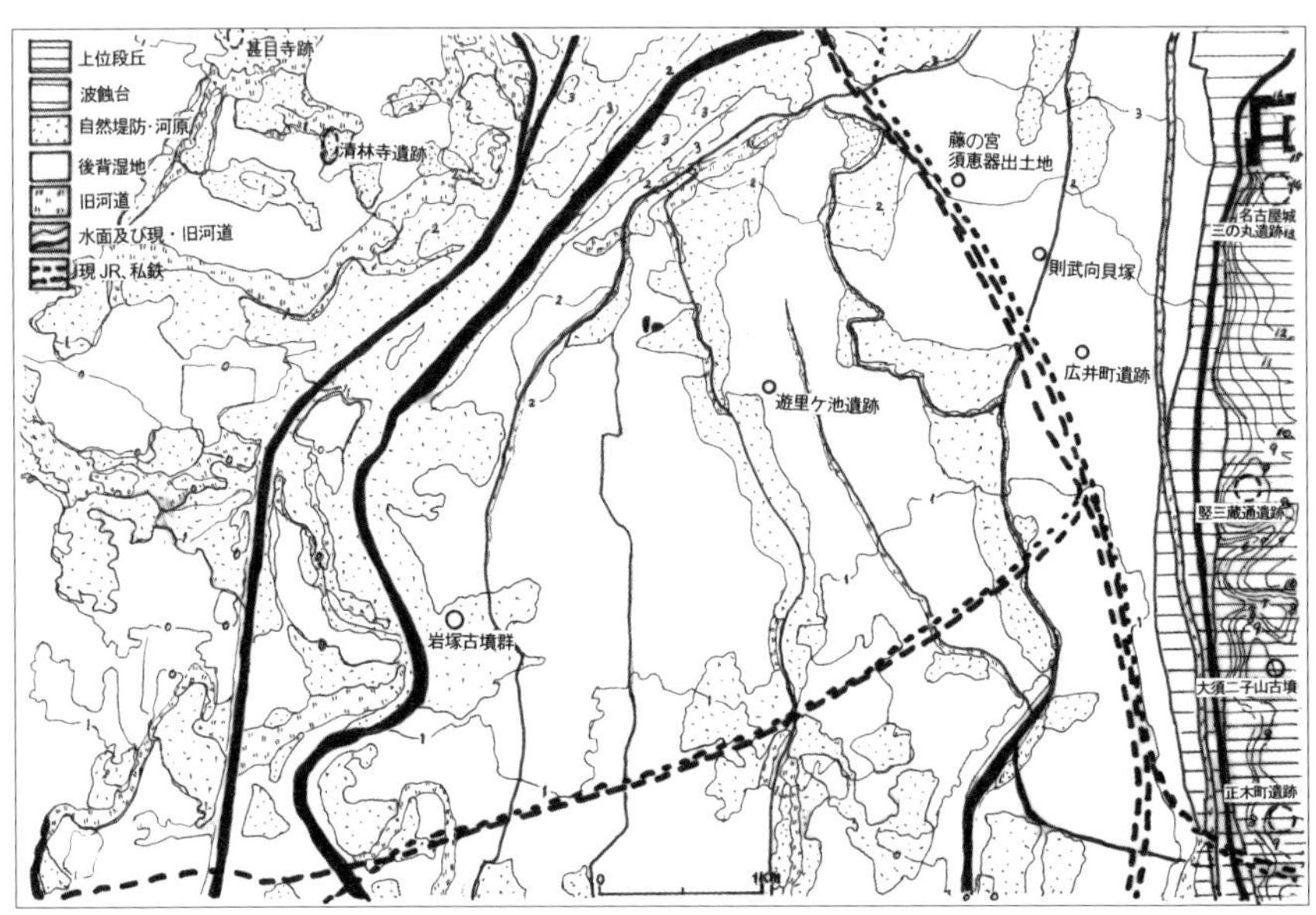

図２　中村区周辺の地形と遺跡位置図（『庄内川（下流）治水地形分類図』〔中部地方建設局制作〕および、明治 20 年代「2 万 5 千分の 1 地形図」をもとに作成した）

する西区藤の宮通で幕末の頃に耕作中に発見されたものといい、おそらく後期古墳を耕作で壊したものと思われる。この須恵器は5世紀中頃の見事なもので有力豪族が存在したことを物語っている。

やがて日本の国土が統一され、大和朝廷のもと奈良盆地に宮都が生まれると、中国の国家機構のしくみが伝えられ、律令制度の国家体制が登場する。この地域も尾張国として中央から派遣される国司の支配下に置かれ、小地域ごとに編成される郡と郷の組織が誕生する。郡の管理は、地方豪族出身の郡司が管轄するようになっていく。

国には、郡・郷の制度がとられ、尾張国は八郡に編成されるが、名古屋市の地域は主に愛智郡に組み込まれた。当時の百科辞典といわれる『和名類聚抄』（略称「和名抄」）には、この中村区にいち早く中村郷、千竈郷といった集落が国家機構の組織に組み込まれたことが記録されている。こうした組織はやがて緩みだし、平安時代の後期になると皇族や公家、寺院などに地方の土地を寄進する動きが登場する。地方の土地を管理していた豪族たちは土地を保全するため貴族や寺社へ寄進する方法を取り出す。これが荘園である。そして管理する人たちが荘司となり、武士化するようになる。

こうして中世的な社会が実現してくる。この地域でもいち早く則武荘が畿内の寺社勢力の荘園として形成される時代がやってくると、周辺の湿地帯を含め広い範囲に、耕作面積が増えていくこととなる。中世の鎌倉時代には隣接の中川区に位置するが、最初藤原氏の荘園で近衛家が領有していた富田荘が鎌倉北条氏に地頭職が渡り、北条時宗の時に北条氏から円覚寺領として地頭職が移る記録がある。この鎌倉の禅宗寺院である円覚寺に寄進されると、隣地との境界争いがあり、そのため作成されたこの地域の絵図面が残されていて当時の荘園の区域と開墾状況がわかる（本書35ページ）。これに記載された地域は、庄内川を挟んで西部の地域が主体ではあるが、一部、川の東部地域が描かれていて、西部同様に開墾されている様子が見て取れる。そこに「一楊御厨（いちやなぎのみくりや）」と記録されているのがわかる。

こうした地域開発が東部でも盛んにおこなわれたと推定され、やがて街道が敷設される。この街道にそって集落が形成され物流が活発化する。その中心にある地域を引き続き「中村」と称したようである。この地が戦国時代には尾張中村の地として群雄割拠の時代に多くの武将を輩出することとなる。

戦国時代のこの地域を通る街道は、古代の東海道を基に美濃国とを結ぶ道と伊勢国とを結ぶ道がこの中村の地を走ることとなる。北に美濃路、南に佐屋路が整備されるとやがて伊勢国に向けてより早い道の開発が進められる。中川区の下之一色には南部に漁港が整備されると一方に陸路の整備が進み、伊勢国長島を結ぶ道がより中心的な街道となる。蟹江城、勝幡（しょばた）城などがその沿線上に築かれる城館である。当然のように中村の地にも居館を築く武将が登場する。

稲葉地城、日比津城、岩塚城といった伝承をもつ城跡があるが、それぞれに武将の名が伝わる。稲葉地城には津田氏、日比津城には野尻氏、岩塚城には吉田氏といった武将の名が伝承さ

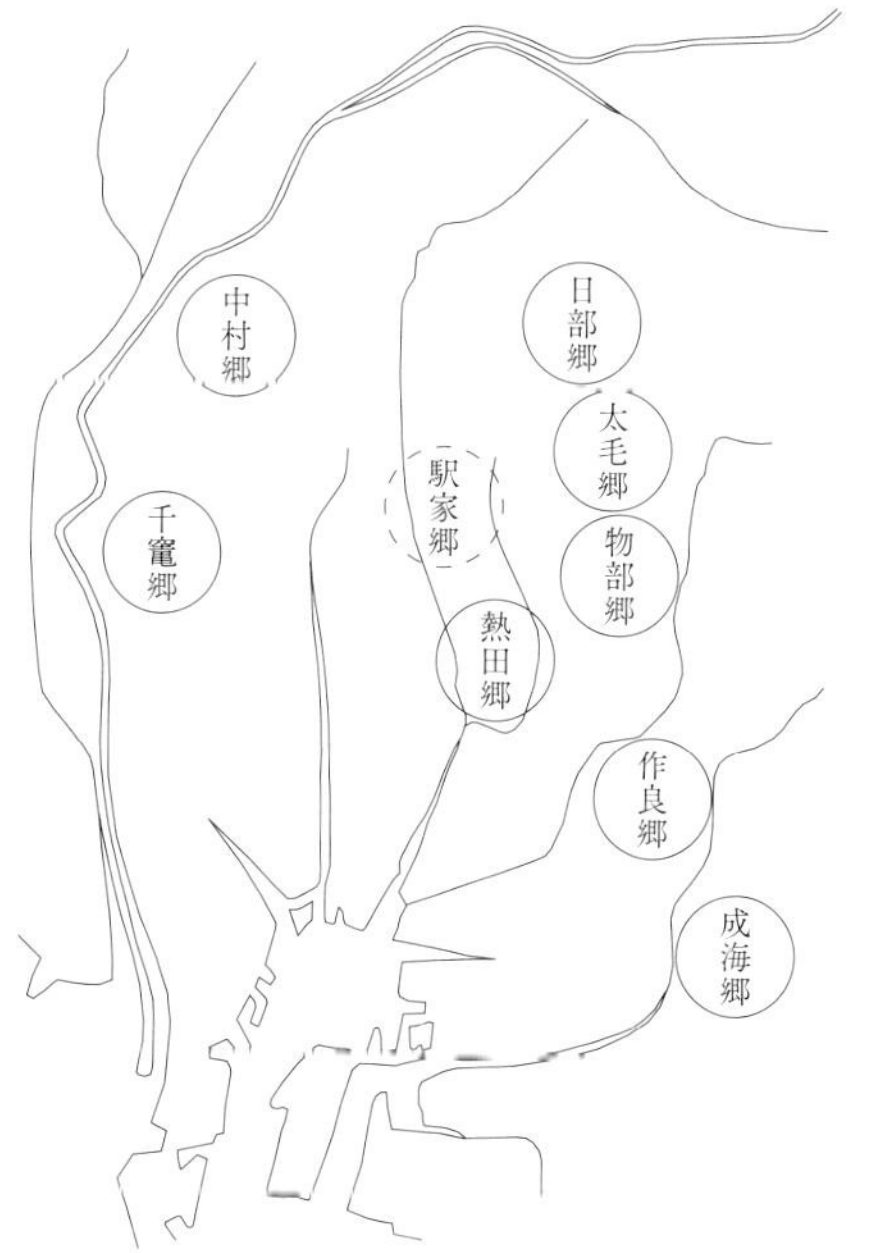

図３　『和名抄』郷比定地についての仮設（『新修名古屋市史』第１巻　第一節「地域社会の変貌」所収の図版をもとに作成）

れている。周辺にはやがて木下氏、小出氏、前田氏など戦国武将として活躍する人物が登場することとなる。

彼らはその後全国に散り、各地の大名となるが、こうした下地が中村の地で育っていったことは、その背景に肥沃な農村が展開されていたことを物語る。

近世には街道を中心にして、宿場町が展開する。主要な東海道ではないが、中山道とを結ぶ美濃路における脇本陣的な役割を果たした東宿町、津島を経由して伊勢・桑名に向けて陸路の東海道の役割を果たした佐屋路の岩塚宿などが発展する基礎を街道が担った。また河川を利用しての舟運業の発達もあったという。

豊国神社と中村公園

やがて近代には、名古屋停車場の建設によって大きく転換する時代を迎える。自由民権運動の波が市街地を巻き込み、板垣退助がこの地を大遊説地として活動し始めると、豊国(とよくに)神社をこの地に誘致する運動も対局で起こり、神社建設が黒田長成侯爵によって進められることとなる。

こうした近代の政治家の活躍も手伝って、公園設置が具体化する。明治16年(1883)3月、県令国貞廉平の発案によって豊公誕生地に豊国神社建設を進める発起人会が豊太閤遺蹟保存会を設立し、神社建設を県に提出した。寄付金は予定額が集まらなかったが、世話人の努力によって、明治18年9月正殿が竣工した。

しかしその後社殿が荒廃するに及び、明治30年7月、先の黒田侯爵が京都阿弥陀が峰の豊公墳墓の修理拡張のため名古屋を訪れ寄付金を募集していた際、小室重弘、吉田禄在らが豊公墳墓の経営と同時に出生地も顕彰することを力説し、豊国会尾張部拠金の3分の1をこれに充てることを提案する。県会議員吉田高朗を中心に、明治33年まず豊国会が組織される。そして公園の県経営が県会で決定すると、「中村旧跡保存会」を設立し神社神域を400坪から5000坪余に拡張した。明治35年愛知県の所管として中村公園と称せられた。

大正10年(1921)この地域が名古屋市に併合されると、大正12年4月より名古屋市に移管され拡張工事も実施された。昭和10年(1935)拡張敷地3000坪も買収され、面積1万5035坪に及ぶ公園が完成した。

東側周辺には、ともに日蓮宗の太閤山常泉寺(秀吉誕生地の伝承)、正悦山妙行寺(清正誕生地の伝承)があ

図4　公園内の豊国神社社殿と「豊公誕生之地」碑

る。現在、公園の愛称も「秀吉・清正公園」と呼ぶようになって、区民の憩いの場としての利用が活発化している。また神社北側広場には歌舞伎役者で中村生まれの言い伝えがある初代中村勘三郎の生誕像もつくられ公園整備が進められている。

　ところで、名古屋市の誕生は、明治22年（1889）の市制町村制の施行においてであるが、やがて明治41年に区制がとられ、名古屋市には東・西・中・南の四区の行政区があった。中村区（当時は愛知郡）の多くは、大正10年（1921）に西区（中村）と中区（愛知町と常盤村）に編入し、名古屋市に合併されたのである。やがて人口増加も著しくなり、役所の守備範囲も大きく広がっていき、商業地域も拡大していった。そして市域の拡大から行政区を六区増やす計画が浮上していく。

中村区の誕生

　豊国神社の建立から始まる中村公園の整備は、昭和12年（1937）の中村区の誕生によって、さらに進められることとなる。同年の新名古屋駅舎の建設と鉄道網の整備が相まって、名古屋駅から中村公園までの地域を中心にして周辺を取り込んで商業施設も増加し、人口の集中も起こっていった。

　とくに名古屋駅前を中心に都市的機能が重要な街へと発展していくようになる。この年に誕生した区は、千種・中村・昭和・熱田・中川・港の六区で、中村区は西区から分割して生まれた旧中村の地区と中区から分割した旧愛知町と常盤村とによって構成された。当時の人口は約10万9000人、町数は66と記録されている。当時の名古屋市は人口の急増期であるとともに日中戦争へ国の方向が進む時で、軍需工場も盛んになっていくようになる。名古屋駅も新社屋となり、周辺の開発が急速に進む時でもあった。

　やがて昭和20年の名古屋空襲による荒廃の痛手を受けるも、これを乗り越えていく。名古屋駅周辺の戦後の復興は目を見張るものがあり、名古屋市の中心地域としてその発展を支えてきた。2017年は、区制施行80周年にあたり、その歴史の古さを物語る。

現在の中村区

　名古屋駅を含む中村区は、堀川の西部地域を含め、面積16㎢の名古屋市でも9番目の広さの区であるが、人口は13万3000人で減少傾向にある地域である。そうした中で区制に編入されたのは、5番目に古い歴史を持つ。したがってその歴史と文化は市内でも比較的豊かな内容を誇る地域でもある。

　神社仏閣の数は1980年時点ではあるが、160余を数え、市内でも有数な数字を持ち、由緒ある寺院も多い。そうした中で、特徴ある事柄として次のような事項があげられよう。

①とくに歴史的なこととして秀吉・清正の生誕地であること。明治になってその建立だがこれを祭る豊国神社が存することがあげられ、関係の歴史や文化の優れた様相がある。

②名古屋城下町としては藩士の居住地でないが、これを支える農村地帯ながら北の美濃への街道、西への佐屋街道、同じく伊勢へ向けての東海道の陸路といった主要な街道沿いに位置することから、岩塚、東宿町などの宿場町も発達していった。

③こうした交通網を利用しての準工業地帯としての紡績関係・鉄鋼関係工場、菓子工場やその仲介卸業など商業地域の発達も明治以後目立っていった。

④古くからの住民の居住地も多く、風俗習慣に伴うさまざまな民俗芸能が芽生え、その発達も見逃せない地域である。

以上の特徴を歴史、文化、民俗芸能や郷土の人々などの面から眺めてみる。

図５　区民まつりに曳かれる山車
（「紅葉狩車」2018 年 10 月）

図６　名古屋駅周辺の高層ビル群（2017 年）桜通東側上空から　航空写真は柴垣提供

歴史編

1　遺跡で読む中村区の歴史

中村区の原始・古代

文…柴垣勇夫

縄文時代の遺跡と土器

名古屋第一赤十字病院がある道下町三丁目35は、かつて水田地帯の低地だったところで、中村遊郭をつくるための埋め立て用土砂にするため掘削された人工池で遊里ヶ池と呼ばれた。

大正9年（1920）にこの地の掘削の際出土した土器（図2）が、昭和13年（1938）10月愛知県史蹟名勝主事・小栗鉄次郎氏のところへ持ち込まれ、当時の「名古屋新聞」夕刊に紹介記事が載った。名古屋第一赤十字病院は昭和12年に完成し3月に開院しているので、現地はすでに埋め立てられていたと思われ確認調査などはおこなわれなかったようである。そのため遺跡としての確認はできていないが、出土土器は口縁が少し欠けている程度で、ほぼ完形の壺であり、摩消し縄文が明瞭にあることから縄文後期の土器であると認識されている。

戦時中に県での遺物保管がむつかしくなり、徳川美術館に移管しその所蔵となった経緯をもつ。類例の少ない器形ということもあり、この土器の複製品が名

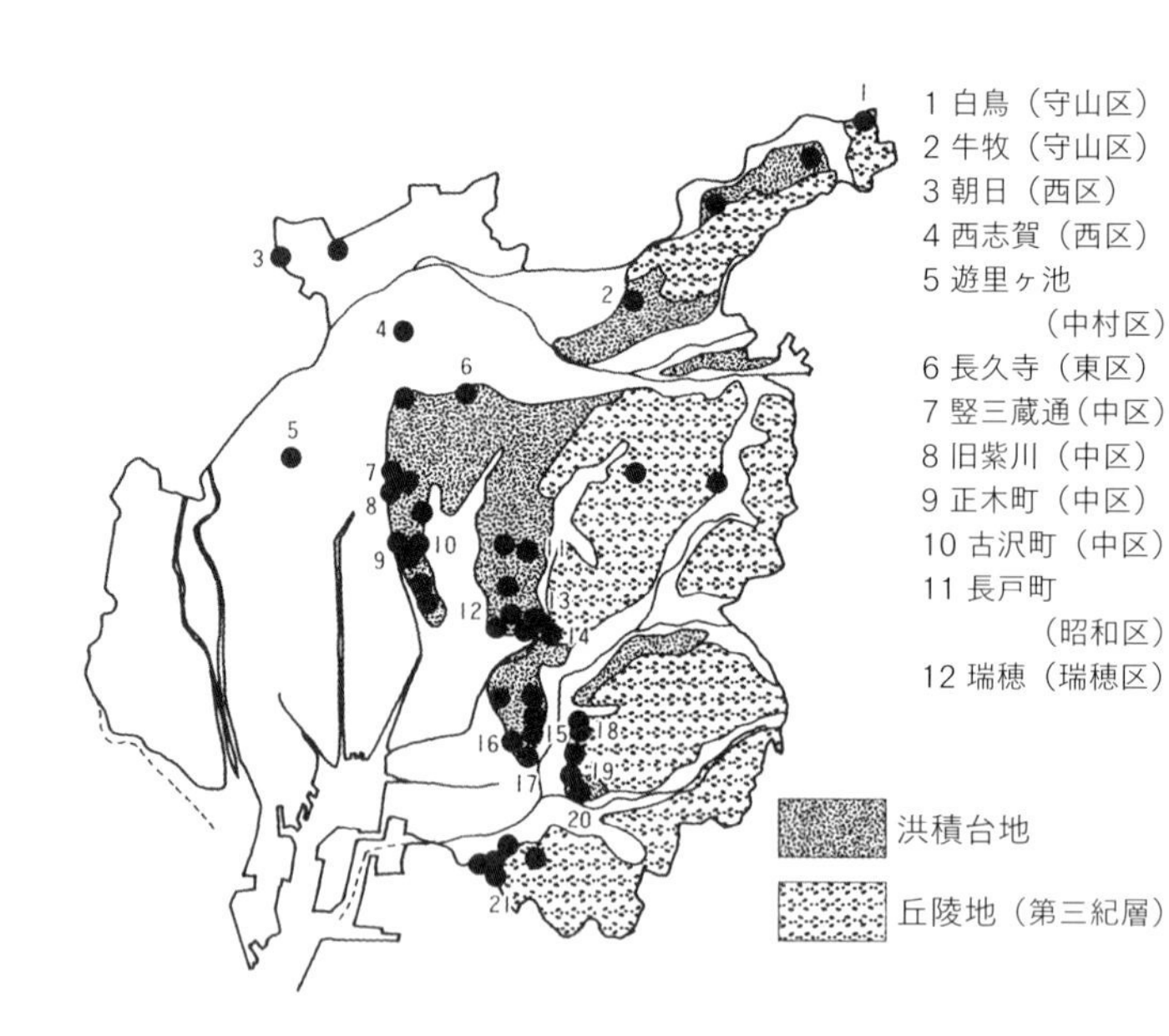

図１　名古屋の地形と縄文時代の遺跡分布図　伊藤正人氏作成（『名古屋市史』資料編考古Ｉ）

図２　遊里ヶ池出土土器実測図（伊藤・川合、1993）

古屋市博物館に常設展示されている。

胴部に向い合わせて隅丸方形の渦巻き状隆起線文が描かれていて、中部地方の縄文後期の特徴をよく示している。尾張平野部では、やや北方の清須市朝日遺跡でも標高３m付近から縄文後期土器が出土していて、この標高２mの低湿地での出土からこの頃に海退が進み陸地が広がったとみられている。

弥生時代前期の遺跡と壺

中村区と西区の境に近い中村区側である名駅二丁目43−１（旧：広井町一丁目89）で昭和初期の水道工事によって地下２mから出土した条痕文土器が最近愛知県陶磁美術館に寄付されることとなった。これに立ち会う機会があり、出土地点の詳しい話を伺うことができた（図３、４）。持ち主吉田光春さんは、美術品の保管箱である桐箱を作成する指物屋さんである。

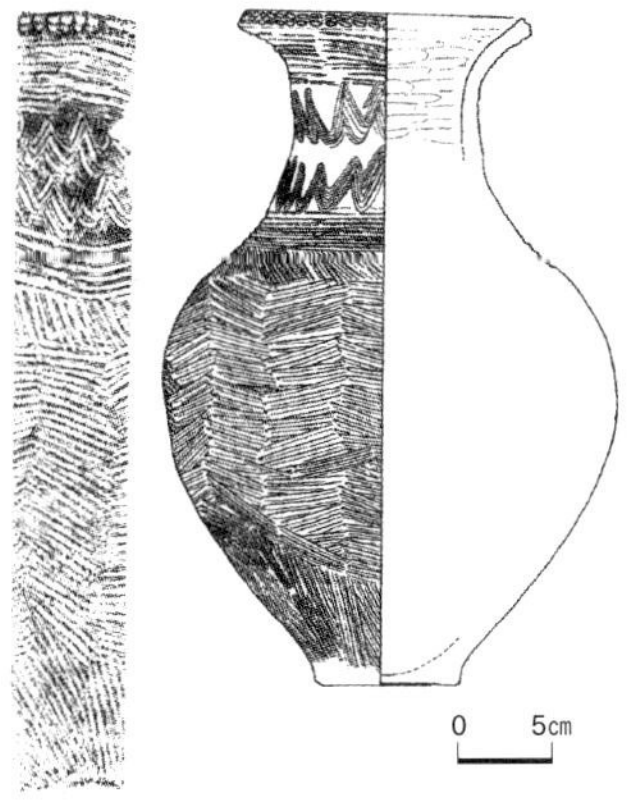

図３　水神平式土器実測図（山田、2017）

図４　水神平式土器

広井町にある迦具土神社（祭神は火之迦具土神）の道を隔てた向かい側に居住していた吉田さんの父親が地下２m付近から掘り出したという。記録が息子で次男の吉田さんによって箱書きされている。

この地域一帯は、広井町という通り、地下水も豊富な低湿地帯だが、ところどころに島畑が広がる地域で、

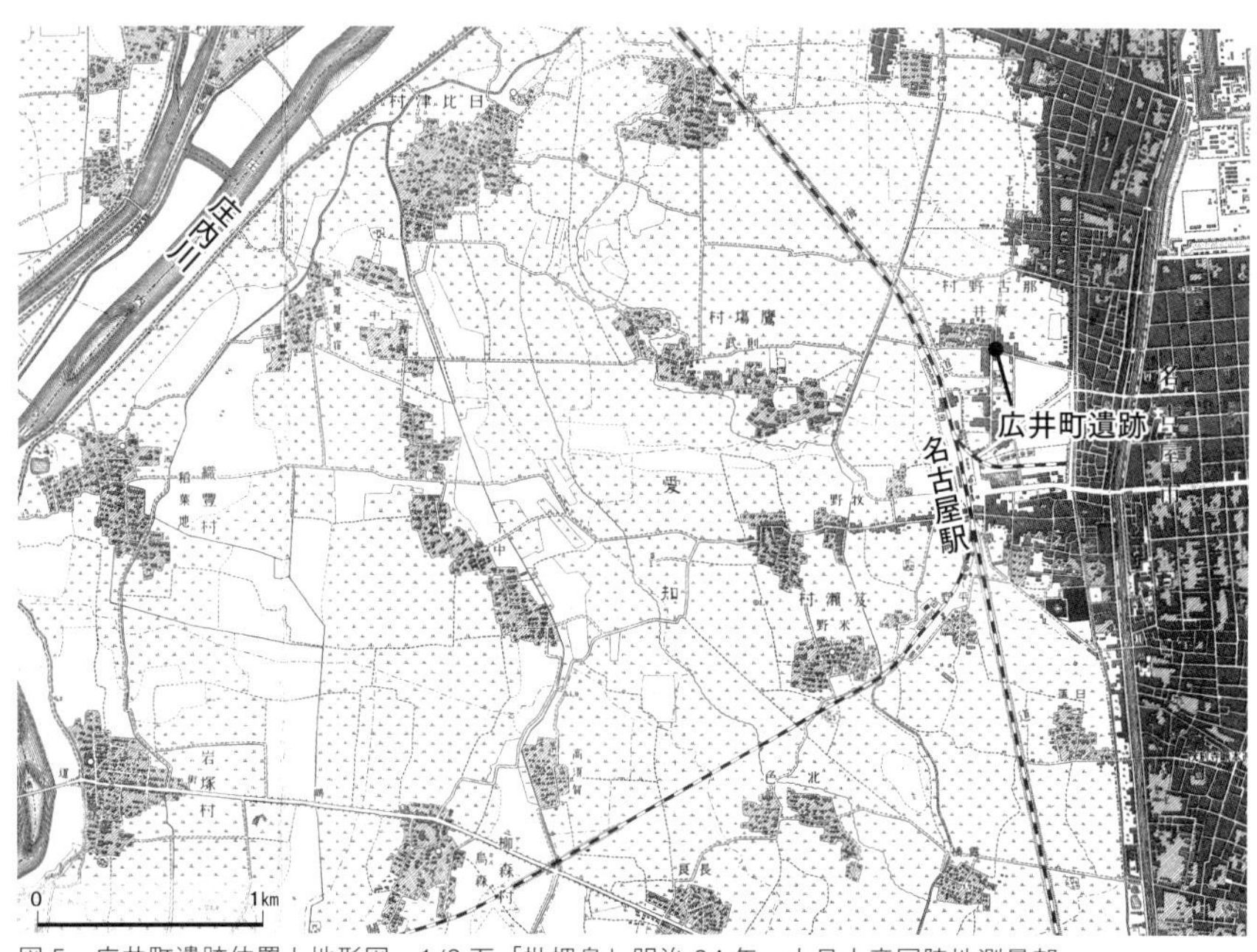

図5　広井町遺跡位置と地形図　1/2万「枇杷島」明治24年　大日本帝国陸地測量部

発見地もやや小高い地形のところで標高は2mほどである。

この資料を論文で紹介しているのが、三重県で東海地方の弥生土器を研究している山田猛氏で、『東海縄文論集Ⅱ』という機関誌に「広井町遺跡出土の水神平式壺」と題して資料紹介がなされている。

この手の土器は二枚貝などで文様を線条に付けることから条痕文土器といわれているが、かつて東三河で多く出土したので、その遺跡地名をとって水神平式土器ともいわれた。九州発の弥生土器に対して、縄文時代の系譜をもちつつ弥生文化と同化していくこの地方独特の条痕文様の土器である。弥生時代前期末という時代のもので胎土からみて、東三河など東方から運ばれてきたものという見方がされている。この地方に住む人々が新しい文化と深く交わっていくことを示す土器である。沖積平野部での文化の交わりを示す大きな証明品である。西区では、則武向貝塚という遺跡（20ページ図2参照）が昭和7年の日本陶器株式会社の工事で発見されているが、貝塚の中に包含されていた土器は古墳時代の土師器で高杯や鉢など集落の存在を物語る物だった。3〜400年の時間的な差はあるものの500mほど北東に位置するのみで地形的に類似することを示している。中村区北東部一帯において徐々に集落が形成されていくことを物語る。この壺の他にも土器片が出土したそうであるが、現存はしていない。現在はホテルが建っていて遺跡の面影は認められない。

古墳時代須恵器の壺

江戸時代末期のある時、西区藤の宮通の一角で土地の耕作をしていた農家のひとが掘り出した完形の壺が最近名古屋市博物館へ寄付された。中村区栄生町在住の中島敏之さんからである。祖父中島桂三郎氏から敏之さんに伝えられた所蔵品で、つとに知られた名古屋市西区出土の古い須恵器である。『中村区史』「日比津学区の今昔」の項にそのいきさつが描かれている。区画整理前の栄生町は栄村と称し、東北方の西区栄生小学校区を含む地域をいい、その中央部に藤の宮と呼ぶ小字があり、かつて大社があったという。祭神は皇室に由緒深く、桓武天皇の平安遷都に際し、平安京に遷座してのち跡地は荒廃し、塚が残っていたが、江戸末期に至り北の地域の新田開発が起こりこの塚を削ってしまった。今から百年ほど前（1953年の区史編さん時少し以前から百年前）耕作中にこの壺を中心にして小壺が沢山出土した。このうちの本例のみを取り出し、他の小壺は形を成していなかったので取り出さなかった。六生社の禰宜に鑑定を乞うたところ、禰宜が熱田神宮の宮司に語り古記録を調べてくれ、藤の宮の由来を知ることができたという。当時この壺は直径八寸ほど、高さ六寸ほどと記録され、種々の郷土史本に写真が掲載されていた。このほど『名古屋市博物館たより』（225号）に資料紹介されたので、中村区に近接した場所での出土品であることから、ここに取り上げる。

この壺は5世紀中ごろの短頸壺で、初期の猿投窯（名古屋市東部丘陵で5世紀前半に始まった須恵器生産地）で生産された須恵器である。名古屋市内では、北区や中区の古墳時代の大集落から出土している初期須恵器のものと肩を並べるほどの精巧な作品で、この周辺にもこうした新しい技術で生産されたうつわを手に入れる集団の長が存在したことを示している。おそら

図6　藤之宮遺跡出土の須恵器　名古屋市博物館所蔵（右はその実測図）

く古墳に埋納されていたものが削平後に採集されたのであろう。大きさは、直径23・2㎝、高さ17㎝で完形品であるが、もとは蓋があったものと推定されている。肩から体部にかけて沈線で三段に区画し間に波状文をめぐらせている。この形状と文様は、中区那古野山古墳から出土した脚付短頸壺の壺部に一回り小さいけれども酷似している。

なお、六生社の祭神は、塩土老翁命といい、周辺の中村区側に塩池（旧・塩辛）の字があるのも、古代の塩生産や土器生産に関連した集団の存在を推測させるものである。

岩塚古墳群

中村区内で古墳群が所在するのは、現在ではこの岩塚町上小路七所在の岩塚古墳群のみであるが、沖積平野部での開発がこの地域でも5～6世紀に進みつつあることを示すものである。

この古墳群は、庄内川にかかる万場大橋の東岸にある、きねこさ祭りで著名な七所社境内に所在するもので、もと三基あったことが知られている。地区の氏子でつくる保存会（古塚会）によって、二基の古墳が保存されているが、社殿の東脇にある日本武尊腰掛石なる扁平な巨石は、かつて古墳の天井石に使われていたと推定されるものである。これをイワクラとして岩塚の名が生まれたとの説もあるという。

位置関係はまず七所社社殿の東南にある古墳が一号墳で、墳頂に厳島神社の祠を祭り、周濠をめぐらしている。神社境内の整備事業

図7　一号墳

図8　二号墳

図9　岩塚古墳群中の日本武尊腰掛石

図10　御田神社社殿

で二八会の会員による角柱の柵がめぐらされ、墳丘整備を1980年におこなっている表示板が建つ。墳丘の直径約10m、高さ1・5m、周濠の幅は2~2・5mの規模である。一号墳からは石棺が出土し、名古屋城の石垣に使用されたとの伝承があるが真相はわからない。

二号墳は、社殿の東側に「古塚」と墳頂に標柱の立つ古墳である。古塚会が整備をしたという石碑が南に面して建てられている。墳丘の直径は10m、高さは2mほどで周りには神社特有の角柱石をめぐらす柵が設置されている。

三号墳は社殿の西側にあって、須恵器が出土したと伝えられているが、所在は不明である。墳丘は削平されて現存しない。一部に明治38年に戦勝紀念碑建設で削平されたともいわれている。境内の東側には、延喜式にあるいわゆる式内社の御田神社が祭られていて、先に御田神社が鎮座され、やがて応永年間に岩塚城主吉田守重が熱田社の七社を当地に移し祀ったという。ここから七所社といわれるようになったと社伝に伝える。

古墳群の存在は、そうした古い神社の鎮座や移り変わりを進める起因になっているのであろう。

いずれにしても庄内川の氾濫などによってつくられた自然堤防上の高まりをもとに、各所に古墳がつくられたと考えられ、中村区での集落の発達を物語るものといえよう。

おそらく自然堤防上の各所に築造されたであろう古墳群は、先の藤の宮での須恵器の出土が示すように低地の開墾で消滅したものも多かったと思われる。

律令制下の中村区

飛鳥時代から奈良時代にかけて、日本の国は中国にならい、律令制度をとりいれる。そして、国のなかを大・中・小の国に区分し、その国を最初評・里の組織の中に置くようにした。そして国に国司を派遣し、評には地元の豪族を管理にあたらせた。やがて大宝律令による統治を完成させると、郡・郷・里という単位で支配するようになった。

日本古代の地誌・地名辞典である『和名類聚抄』(通称・『和名抄』10世紀に成立。源順著、各地に写本があって、写す時期や場所によって違いのある内容のものもある)には、律令制下の各国における郷名が記載されているが、愛智郡には、次の郷名が記載されている。「中村、千竈、日部、太毛、物部、厚田、作良、成海、駅家、神戸」の十郷であるが、写本によって字句に若干の違いがある。その比定地については種々説があるが、中村から始まる記載順序が規則的とすると、西から南へそして次に北から南へと読み取ることができるとして、中村区に中村郷、千竈郷の二つが含まれるとする考えが有力である(21ページ図3参照)。

そのほか、諸文書に記録されている古代の荘園として次の荘が中村区にあった。市部荘、則武荘、一楊荘（一楊御厨）、高畠荘などである。これらが平安時代後期に荘園となり、開発領主などから中央の公家や貴族、寺社などに寄進されていった。横井山周辺に比定されている一楊荘は、伊勢神宮内宮の御厨として長く存続するが、中世に御厨川（庄内川）を挟んでその境界をめぐり、円覚寺領と境争論を起こし和議を結んでいる。

また平城京跡から出土している古代の木簡の中に、愛智郡中村郷に属するものが確認されている。この地方から都へ税が納められていたのである。

図11は「尾張國愛知郡中寸（村の略字）若倭部」（資料番号一八四九）と人名が描かれたものである。

また、図12は「尾張国愛知郡油口（江？）里庸米六斗」（資料番号一八四八）と書かれて、裏面には、天地逆に「出雲□俵三斗出雲足人三斗□」と二行にわたって記されている。この油江は油江天神にかかわる集落である。

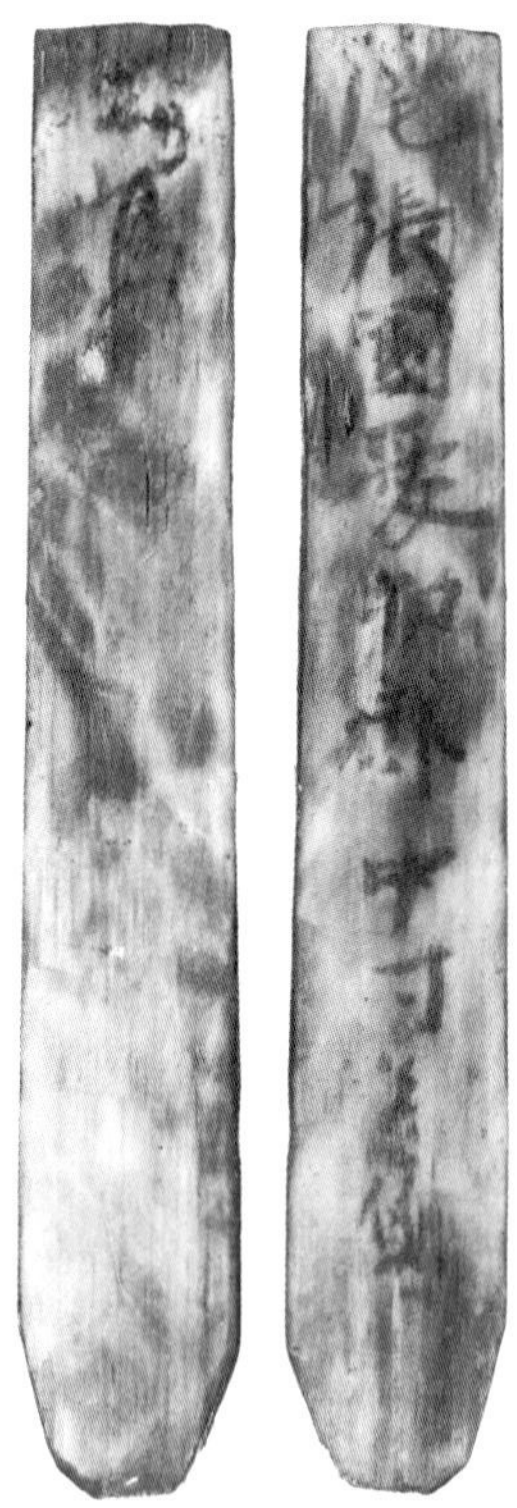

図11　平城京跡出土木簡
「尾張国愛知郡中寸若倭部」
裏面「大嶋」
奈良文化財研究所提供

図12　平城京跡出土木簡
「尾張国愛知郡油口里庸米六斗」
裏面「出雲□俵三斗出雲足人三斗□」
奈良文化財研究所提供

【コラム】

『和名抄』の千竈郷

文…柴垣勇夫

千竈郷（ちかまごう）

中村区に属する『和名抄』に登場する地名に千竈郷がある。中世に尾張の出身者で千竈氏という豪族がいて、鎌倉幕府の御家人となり、のち島津氏に取り入り、奄美大島一帯に勢力を張っていた。当主千竈時家が 14 世紀初めに尾張国千竈郷を子女に譲与する記録が残っているが、比定地の確定には至っていない。鎌倉時代の弘安５年（1282）に醍醐寺浄金剛院領の荘園である尾張国千世氏荘の土地についての文書があり、ここに千竈郷の土地が記録されている。油江里、土江里、草津里といった条里制の名残を示す地名があり、これらがどうも千竈郷のなかの土地を言っているらしい。

そこで区内の神社をあたると油江天神社、土江神社、草は萱の可能性があるとすると萱津神社（現在はあま市だが、かつて愛智郡内に入っていた）といった神社が登場する。『延喜式』（延長５年〔927〕編纂）神名上に尾張国愛智郡には十七座が記載され中村区にあるものは御田神社のみで上知我麻神社、下知我麻神社が中村区とすると三社となる。上・下知我麻社は熱田神宮内の上・下知我麻神社に充てられていて､中村区ではないとする意見（南区千竈通をとる説がある）が強い。しかし『新修名古屋市史』一巻で福岡猛志氏は千竈郷を中村区とし、中村郷の南西にこれを推定した（21 ページの図３参照）。一方、明治 17 年の稲葉地村地籍図に千竈の字名や千竈社があり、現在の東宿町～宿跡町とみられる（右図）。

明治 17 年地籍図より（原図は愛知県公文書館所蔵）

油江天神社（あぶらえてんじんしゃ）

『尾張国神名帳』に載る油江天神社は、中村町二丁目に現存するが、その来歴ははっきりしない。しかし平安末には、天下安穏祈祷のため尾張国の神社の格式をあげる作業がなされ、この油江天神社も従一位上に位をあげその価値を高めた。

時代がやや下がるが、13 世紀後半には醍醐寺の荘園として千竈郷が記録された際、油江里も土江里も千竈郷の一部として記載されている。とすると油江天神社や土江神社、萱津神社の地域は中村郷の北から北西の方向にあたり、千竈郷は、中村郷を取り囲む地域と推定される。平城京跡から出土した奈良時代の木簡に、愛智郡油口里の住人が米を納入する記録が出土している。（前ページの写真）この地名も油江里の可能性のある木簡で、中村区の油江天神社周辺の地域を指していると思われる。なお、中村郷は元中村町から下中村町を含む地だろう。

油江天神社

1　遺跡で読む中村区の歴史

中世の遺跡と城跡

文…柴垣勇夫

古代からの郡名と郷名

すでに述べたように古代には愛智郡に属する郷名が10カ所「和名類聚抄」に載るが、その最初が中村郷である。続いて千竃、日下部、熱田、作良、成海等の郷名が記載されている。これらは国司の管理下に置かれていたが、やがて中央や地方の有力貴族や寺社へ寄進したりして荘園となっていく動きが顕著になる。建久3年（1192）の伊勢神宮神領として一楊御厨（中村区横井町付近）があり（図1）、同年の吾妻鏡に平家没官領であった高畠庄（中川区）が一条家に伝領されるなど公領の荘園化が進む。中村区にはそのほか中世になると真清田社領に愛智郡千竃（稲葉地付近）が、熱田社領に下中村が入るなどこの地の有力寺社領になったり、愛智郡土江里（土江神社付近）が京都・醍醐寺浄金剛院領として記録される。また14世紀には一楊余田方が天皇家の宣政門院領の荘園として存在した。

図1　高野宮社の「一楊庄御厨旧地」の石碑

円覚寺領富田荘と中村

　この一楊御厨と一楊御厨余田方の土地をめぐって鎌倉円覚寺との境争論が14世紀に起き、著名な円覚寺領「富田荘絵図」が作成される（図2）。この地方の荘園の動きや変化の様子がこの絵図によって語られることが多く、中村区の土地が如何に肥沃だったかを物語っている。その動きを眺めてみよう。

　この絵図は大部分が中川区から大治町、あま市七宝町・同甚目寺の地域で、中村区にあった荘園ではないが、庄内川を挟み中村区に存在した一楊御厨（近衛家領）との間にある萱野（かやを建築材や生活品に利用）の土地所有権をめぐっての争論があり、争論後の領界を図面で確認する際の絵図面であるので、中村区での荘園経営を探るのに適しているという。なお、富田荘絵図は正平年間（1350

年代）頃に作成されたといわれる。

この図面に描かれている一楊御厨は、横井町にある高野宮社周辺がこの地であるとされ、高野宮社境内には「一楊庄御厨旧地」の石碑が大正3年に地元民によって立てられている。

この地域は中世には、伊勢神宮領となり、その御厨として耕作されていたと考えられている。現地名では「ひとつやなぎ」とも称する。現在の小本町（古塚村と本郷村が合併）が中心部で、一楊はその旧名。柳瀬川、柳街道という語もこの一楊の残存地名という。富田荘はその西にあるが、一楊御厨余田方との間の境界をめぐって論争（正和4年〔1315〕）が一楊側から

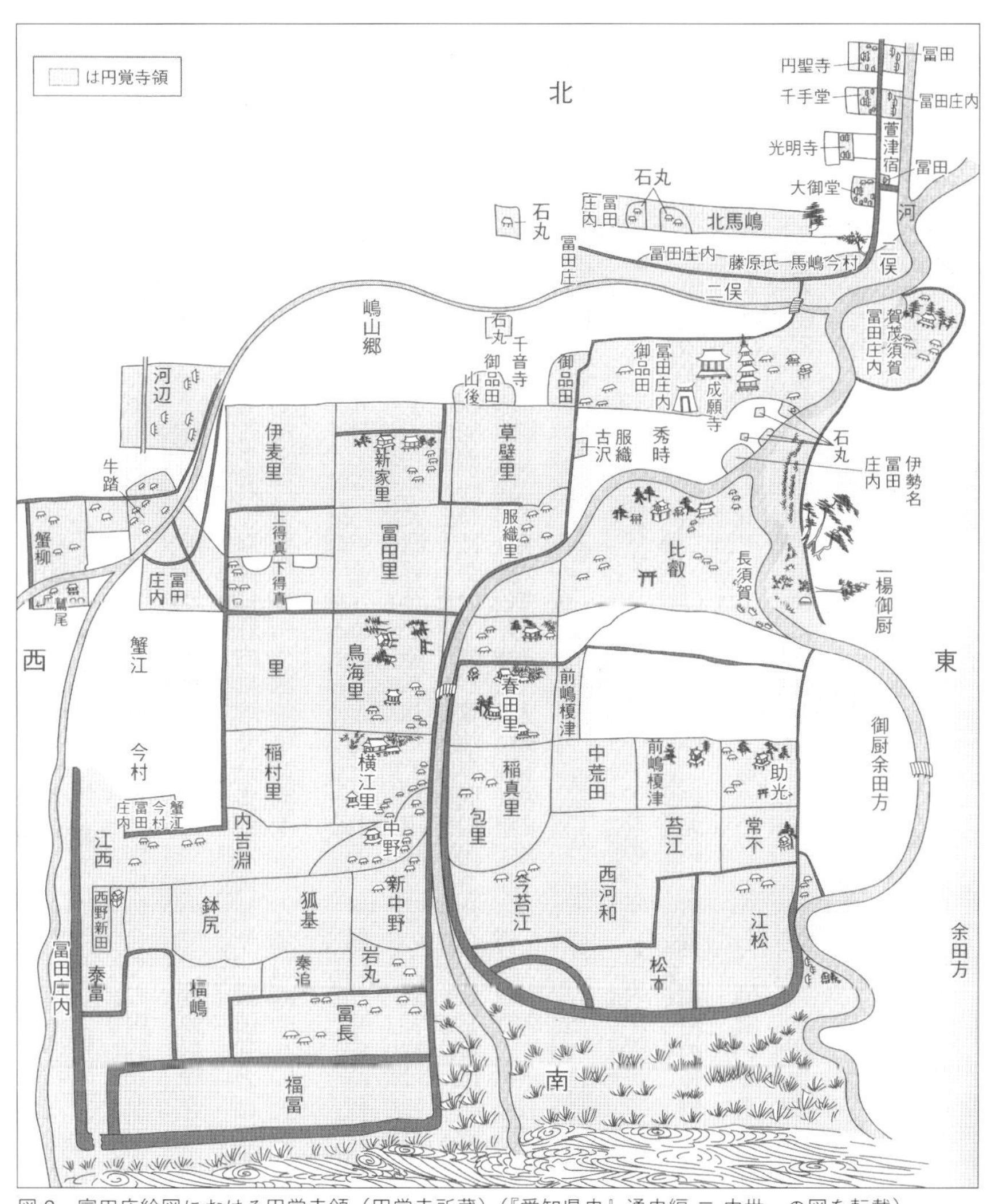

図2　富田庄絵図における円覚寺領（円覚寺所蔵）（『愛知県史』通史編 二 中世一の図を転載）

おこり、近衛家への訴えが起こされた。その調停は京でなされ、貞和5年（1349）和議が成立したという。

一楊御厨は、国衙領から近衛家領となり、それまでの国司在庁役人が荘官として管理をすることとなったが、境界をめぐって富田庄側と争った記録が円覚寺に残っていて、建築材として の萱野が採集できる河川敷の所属争いであった。双方がなかなか引かず、30年来の争いとなったようである。一方河川東側地域の荘園関係の古記録は残存していないため、実態は不明だが、平安時代以降陸地化が進み、農地としての価値が高まり、国人層の意識がこの地にも及んだ。領地の確保が切実な問題だったことが読み取れる。

区周辺の遺跡と遺物

「中世萱津を考える」という研究チームが愛知県埋蔵文化財センターでつくられ、中村区からあま市甚目寺の萱津地区を踏査し、その地形や遺跡調査が2006年度におこなわれた。その調査で中村区宿跡町から稲上町にかけての地域で、13世紀から14世紀の山茶碗類が採集された（表1、図3）。城跡や富田庄の隣地である一楊御厨等に集落があり戦国時代へ進む社会が形成されていたことを物語る。

区の戦国支配層と城跡

集落跡とみられる山茶碗片が採集されている場所が

表1 「中世萱津を考える」グループの表採遺物地名表

地点	住所	地点詳細	採集遺物		図番号
			中世	その他・不明	
13	甚目寺町大字下萱津字十三石	豊公橋南西畑	東濃型山茶碗1点・瀬戸大窯仏餉具1点	近世陶器？1点	17・18
14	甚目寺町大字下萱津字九石	豊公橋南西畑	東濃型山茶碗2点		―
15	名古屋市中村区宿跡町1丁目	交差点南畑	東濃型山茶碗1点		19
16	名古屋市中村区東宿町3丁目	交差点南西畑	東濃型山茶碗2点		20
17	名古屋市中村区草薙町3丁目	稲葉地小北畑	尾張型山茶碗2点		―
18	名古屋市中村区稲上町2丁目	スーパー西	尾張型山茶碗1点		21
19	名古屋市中村区稲上町2丁目	城屋敷町境	尾張型山茶碗1点・東濃型山茶碗1点		―

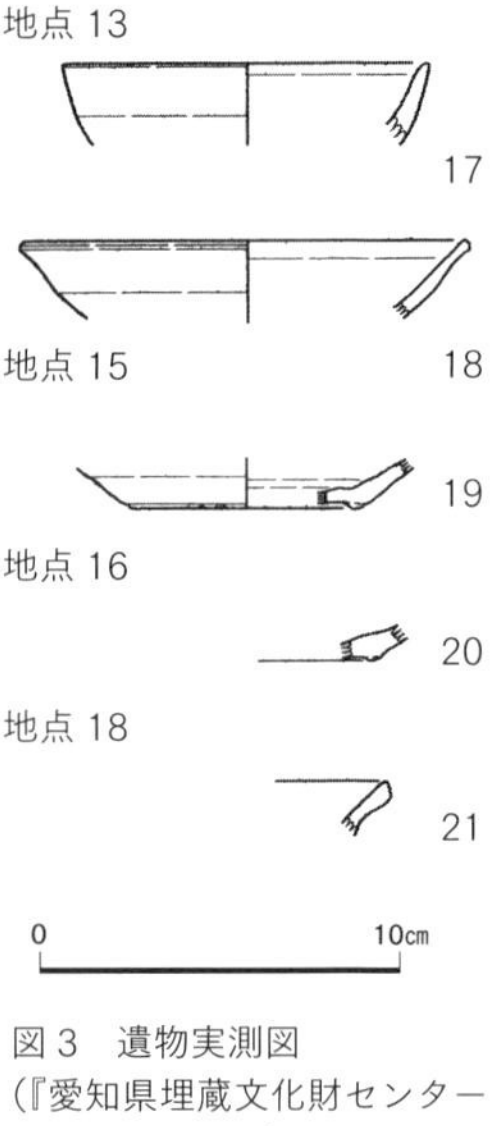

地点 13
17
18
地点 15
19
地点 16
20
地点 18
21
0 10cm

図3 遺物実測図
(『愛知県埋蔵文化財センター研究紀要』8号)

鎌倉街道の宿とみられる東宿町付近にあるが、区全体では少ない。そこで戦国期の居館ないし城跡とされる地域を眺めてみよう。

日比津城跡

（日比津村　野尻氏と大円寺）

　日比津町にある大円寺（真宗高田派・鐘智山）（図4）の境内に五輪塔と宝篋印塔（ほうきょういんとう）の入り混じった石塔が2基ある（図5）。向かって左側の五輪塔台座部（地輪）には、貞治4年（1365）の年号が刻まれているという（この年号は現在、判読しにくい）。また右側の宝篋印塔台座部には応永17年（1410）の年号と「道誓禅門一周忌」とあり、野尻掃部の一族の雅号と思われる文字が刻まれている。野尻氏はかつて日比津地域を領有していた織田家の家臣で、古くからこの地に居をもち、周辺一帯のかなりの範囲を収めていたという。大円寺が菩提寺である。

　日比津町一丁目16―8に所在する定徳寺（日蓮宗・長秋山）の南には、乾屋敷という地名があり、旧字には城屋敷といったという。一方大円寺北に旧字で栗山の地があり。野尻氏の居館屋敷とされる。この北方100mほどのところにある定徳寺はかつて日比津城のあったところといわれていて、周囲に壕らしき跡が道路敷となって残っているようである。航空写真で見ると大円寺周囲に（南北54m、東西56m四方という記録あり）50mほどの直径で環濠の跡かと思われる部分が楕円形の道路敷として確認される。時期は不明だが豪族居館の跡とみられる景色である。中世後期の時期にはこうした集落が形成されていたことが伺える。貞治4年銘の五輪塔は名古屋市内では最も古い石塔と言われるが、残念ながら寄せ集めの形態になっており、年代の基準にはなりえないようである。

図4　大円寺境内

図5　日比津城主野尻氏五輪塔

稲葉地城跡（字城屋敷）

　稲葉地城跡（図6）と伝える稲葉地町城屋敷の神明社には、大正3年の石碑「稲葉地城趾」が建てられており（図7）、南西に隣接する凌雲寺（臨済宗妙心寺派・集慶山）に、城主の墓所という宝篋印塔が保存されている（図8）。この墓所に「応永三十年（一四二三）十一月二十五日、孝子又次郎敬白」とある笠塔婆と「前豊州太

図7　神明社と稲葉地城趾石碑

図6　稲葉地城跡地籍図（明治17年）

図8　津田氏墓所と宝篋印塔

守泰翁玄凌禅定門、天文五年（一五三六）丙甲十月二十八日」とある宝篋印塔の基礎がある。凌雲寺は幼少時の織田信長（1534－1582）の手習い寺といわれ「信長草紙掛けの松」が伝わる。

　津田豊後守信光は、信長の伯父で、永正年中に凌雲寺を創建した。天文5年（1536）死去。三代与三郎（永禄3年〔1560〕）桶狭間の戦いで戦死、四代小藤次（天正10年〔1582〕）京都本能寺の変で戦死、の四代にて廃城。

岩塚城跡（遍慶寺境内）
岩塚村郷中

　斯波氏の一族吉田守氏内記の遠祖・吉田重氏次郎左衛門より以後の吉田氏の居城といい、七所社の梁牌に応永元年（1394）、文明元年（1469）の年号と重氏、三郎兵衛の名がみえるという。

　斯波氏が衰え、吉田守氏の時、長子元氏に家督を譲り蟄居。元氏は信長に仕え永禄11年（1568）の伊勢大河内の戦いで戦死という。その子九郎左衛門は織田信雄（のぶかつ）に仕え（天文19年〔1550〕には旧領本村〔岩塚〕を領し、七所社西北の地に住せりという）再び岩塚を与えられた（図9）。その後秀次に仕えるが秀次没後岩塚に蟄居したという。九郎左衛門兄弟は家を再興すべく関ヶ原の戦いで家康側につき福島正則を西軍とみて清

図9　岩塚城（遍慶寺山門）

洲を襲ったが、正則が東軍にかえり、関ヶ原役後斬首された。

森城跡（烏森町七丁目53）

旧字城屋敷にあり。現在宅地となり、北方わずかに空壕の跡を残すとされる。秀吉に仕えた人で、杉原長房（伯耆守）、その子左門がこの城に住すという。長房は、秀吉の各務原戦で活躍し、美濃に領地を有す。のち但馬・豊岡城主となり、関ヶ原戦には西軍に就くも子が東軍につき豊岡を引続き領有。左門の子四郎左衛門の時農に帰すという。城屋敷近くに天神社があるが（図10）、平安時代中期以降に創立の伝承をもち隣地に禅養寺（天徳山）という曹洞宗寺院がある。

図10　天神社境内

図11　米野城跡と考えられる長松寺付近

米野城跡（旧字城屋敷）

笈瀬川の西、上米野と下米野の境にあり、東西四十八間、南北五十八間の規模があったという。往古中川弥兵衛なる人物が城主で、林佐渡守の与力として信長にそむいたといわれる。『尾張名所図会』付録に下米野村笈瀬川の西岸にあって、今なお城屋敷と呼ぶ広大な地域であるとする。16世紀中ごろから後半にかけての居館という。稲生合戦で信長の弟、末森城主信行を推して大秋城主とともに那古野・清洲城への道を断つべく信長と対峙したが破れ、廃城となった（図11）。

大秋城跡

大秋村文書（個人蔵）に大秋村庄屋御鷹場目付・庄右衛門にあてた「許可済」と焼印のある「鳶鷹札」があり、この村が藩の鷹場であったことを示す。村内の八幡社がある場所がかつての城跡という（図12）。『尾張志』によれば、今川氏豊の家来であった大秋十郎左衛門という人が、大秋村に住したという。『尾張名所図会』には天文頃の人とある。米野城主中川弥兵衛とともに、末森城主織田信行を擁し信長と対したが敗れた。

図12　大秋城跡（八幡社境内）

秀吉、清正、小出秀政の生誕地とその顕彰

尾張における戦国期の人物の輩出は、信長に続く秀吉（1536－1598）の登場によって中村の周辺に多く見られる。秀吉の生家は太閤山常泉寺がその生誕地として有力視され（図13）、境内の井戸を秀吉産湯の井戸（図14）としている。境内には柊の木を秀吉お手植えの樹木として植え替えながら保存処置を講じている。ただ古文書には常泉寺以外の伝承地もある。生誕地については異説もあり、中中村の弥助屋敷とする説もある。

常泉寺は慶長年間に加藤清正によって創建された、太閤山の山号をもつ日蓮宗寺院である。ここは、字を木下屋敷といい、秀長と妹旭が生まれた筑阿弥宅址であるとする説が伝承されている。

図 13　太閤山常泉寺山門

加藤清正（1562－1611）は、母が秀吉の母といとことも姉妹ともいわれ、屋敷が秀吉出生地の西隣にあったという。『尾張名所図会』では、常泉寺の西に清正出生地の家屋を描いている。現在、清正誕生地は日蓮宗正悦山妙行寺（みょうぎょうじ）とされ、常泉寺の南にある（図15）。この妙行寺はもと作の城という字にあって、正起山本行寺と称した真言宗の寺院だったが、元和元年（1615）一説には元和9年（1623）に現在地に移築されたという。これには清正が名古屋城天守の完成後におこなったといわれているが、慶長16年（1611）熊本で死去しているので、真偽は不明である。

図 14　常泉寺境内の豊太閤の銅像と産湯の井戸

慶長16年の賛がある加藤清正画像や熊本・本妙寺と同じ清正像（木像）を安置している。境内には文化7年（1810）に近くの八幡社に建てられた「加藤肥後侯旧里の碑」が明治初年に移築されている。

図 15　正悦山妙行寺山門

隣接の中村公園児童遊園地の一角に「小出秀政邸址」

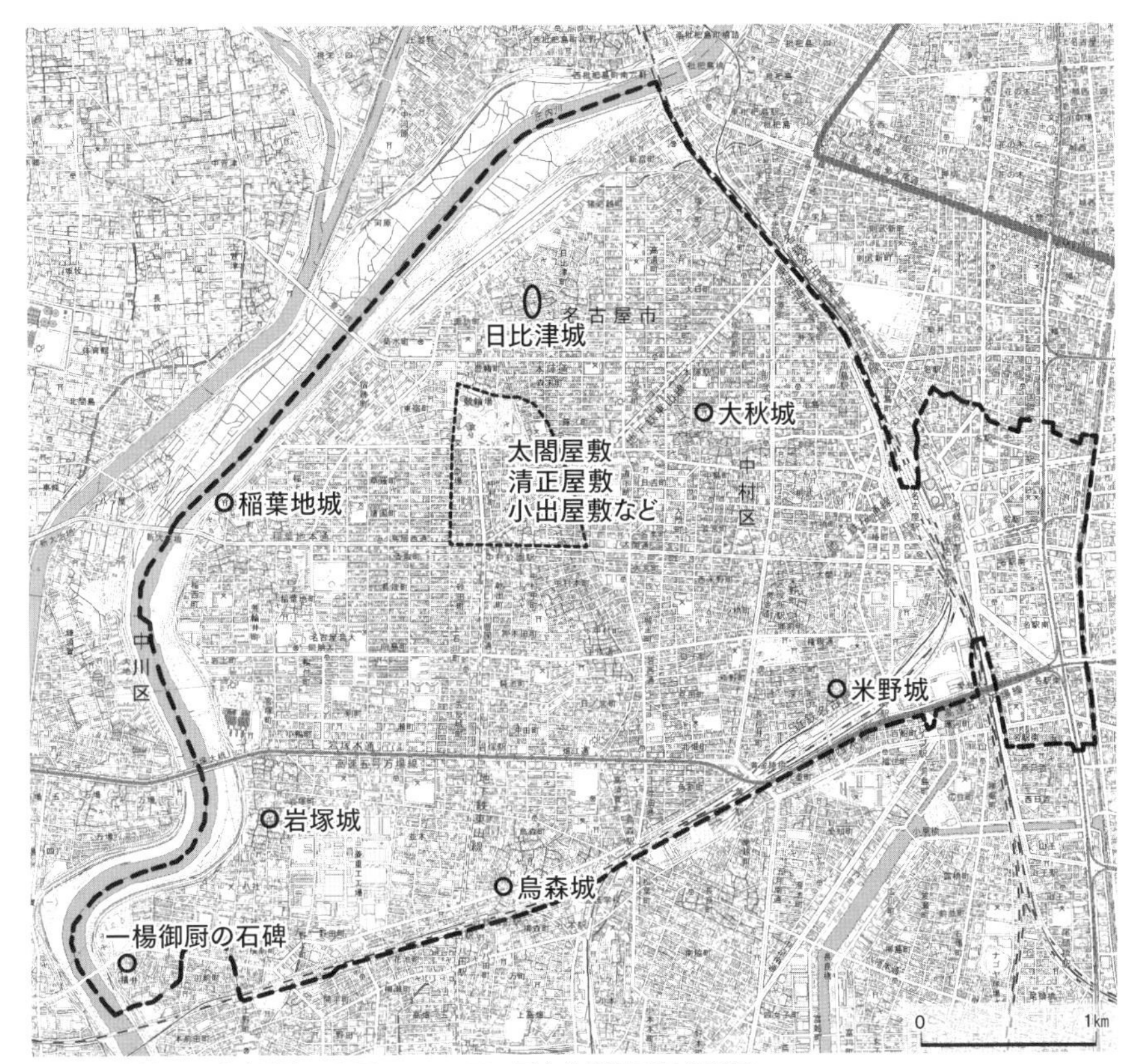

図16　中村区の城跡遺跡分布図　1/2.5万　国土地理院電子地形図
「愛知県中世城館跡調査報告一（尾張地区）」の図をもとに作成

の石碑がある（図17）。秀政（1540−1604）は、秀吉の母の妹を妻にし甥の秀吉に仕え、秀の名をもらう。天正13年（1582）岸和田城主となる。秀頼の補佐をし、秀吉死後石田三成と家康の抗争から逃れ閑居。関ヶ原戦で東軍に入った次男の活躍で所領は安堵された。石碑の周辺に小出氏の一族が住したという。

図17　小出秀政邸址の石碑

1 遺跡で読む中村区の歴史

近世の遺跡

文…水谷栄太郎

慶長5年（1600）関ヶ原の戦いに勝利した徳川家康は、大坂を取り囲むように城を整備し、豊臣秀頼の包囲網をつくった。その要の城が名古屋城である。慶長15年に築城を開始し、慶長17年には天守閣が完成して、家康の九男義直が初代城主となった。

熱田台地の北西隅に位置する城の南と東に碁盤割りの城下町がつくられ、城の南の外堀から広小路までは町人の住む町とされ、その南から現在の若宮大通までの地域と城の東は武家屋敷となった。そして、本町通り沿いの白川公園から大須にかけての地区と城の東の飯田街道沿いの新栄付近に寺院が配置された。

城下町に隣接する堀川と江川に挟まれた地区（西・中村区）と中区の南部は、城下からの町並みが続いているため「町続」と呼ばれた。17世紀後半以降、市街地の拡大によって城下と周辺の村との区別がはっきりしなくなり、それまでの町奉行の支配区域のままでは城下の治安維持が困難となった。そこで、享保13年（1728）「町続」は、年貢・地子などの税に関わる支配は国奉行が、それ以外のことについては町奉行が担当することとなった。広井村は、堀川端に藩の蔵屋敷があり豪商が軒を連ね、市街地化が著しかった。旧船入町（名駅五丁目）では、元禄15年（1702）に清水太兵衛により、乾塩魚市場が開かれ、慶応3年（1867）に洋物改所が開設された。この役所は、幕末に活発となった洋物（舶来品）の取引を統制する役割を担った。水陸輸送の貨物を調べ、洋品については通関税に相当する「御為銀」を徴収し、改印のない品の売買を禁止した。設置の理由は、前藩主徳川慶勝が総督を務めた長州征討による財政難を緩和するためとも、洋物取引によって生活が苦しくなり物価が上がったと主張する攘夷派藩士の圧力によるともいわれている。

慶応2年には洋物の仕入れ販売をしていた紅葉屋（もみじや）が、

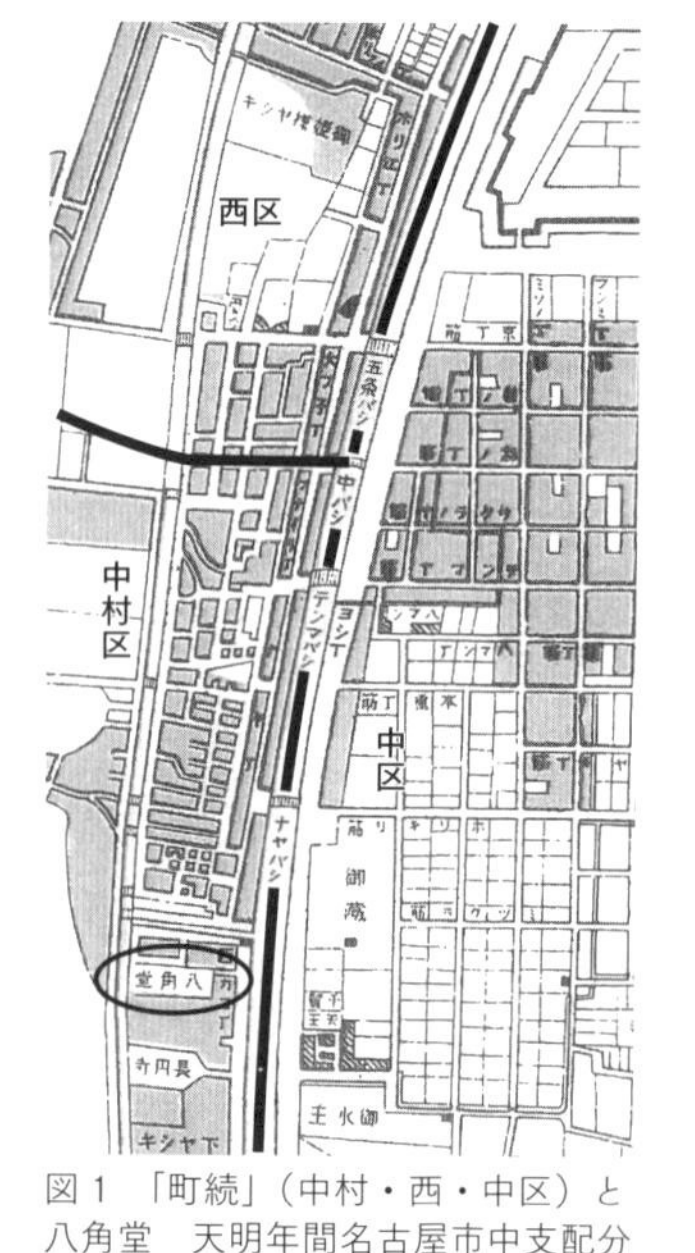

図1「町続」（中村・西・中区）と八角堂　天明年間名古屋市中支配分図の一部『名古屋市史』地理編付録

尊王攘夷派の金鉄党の藩士に襲撃される事件が起きた。藩は、改所の取締役に名古屋の豪商鈴木惣兵衛、白木屋徳右衛門、布屋善右衛門を任命し、その下に世話役、勘定役を置いた。この改所は、明治3年（1870）に伝馬町（錦一丁目）に設立された洋物会社に移管された。

広井村の法蔵寺（名駅南二丁目3−18）には、名古屋城から移築された八角堂があり、天明年間の城下図には八角堂の別名で記されている（図1）。この八角堂は、尾張藩初代藩主義直が儒教の聖人像を祭るため二の丸御殿の庭園に建てたもので、「金声玉振閣」と命名され、義直自筆の「先聖殿」の扁額が掲げられていた。蓬左文庫の所蔵する二の丸御殿の庭園図に描かれてもいる。しかし、この建物はその後解体され、用材は御深井丸に保管されていた。法蔵寺が、享保9年（1724）に現在地に移転した時に、七代藩主宗春からこの用材を与えられ、本堂として再建したと伝えられる。しかし、昭和6年（1931）に火災を受け再建されたものの、名古屋空襲で再び焼失した。現在の建物は、再再建されたものである。毎月第一土曜日のみ境内に入ることができる。

小鳥町遺跡

1979年、泥江再開発事業の一環として再開発ビルが建設される予定地で貝殻が散布しているとの情報が市民から名古屋市教育委員会に寄せられたが、遺跡の存在確認には至らなかった。その後、1982年6月に国際センタービル建設工事が開始され、市教育委員会職員が工事に立ち会ったところ切石を積んだ石垣と溝が発見され、近世の陶器片が採集された。そこで工事を一旦中止し、7月に発掘調査を実施した。

発掘調査では、南北方向に延びる花崗岩の切石積みの石垣（図3）とその北端で交わる東西方向に築かれた丸石を積んだ石垣（図4）が確認された。いずれの石垣も基礎として丸太を寝かせて用い、それを木杭で固定してその上に石が積まれていた。この石垣は、江川の分流である古江川筋の護岸と推定される（図2）。石垣を調査した後に、その裏側を調査したところ二つの重要な発見があった。

1点はこの護岸の築かれた溝よりもより幅の広い溝

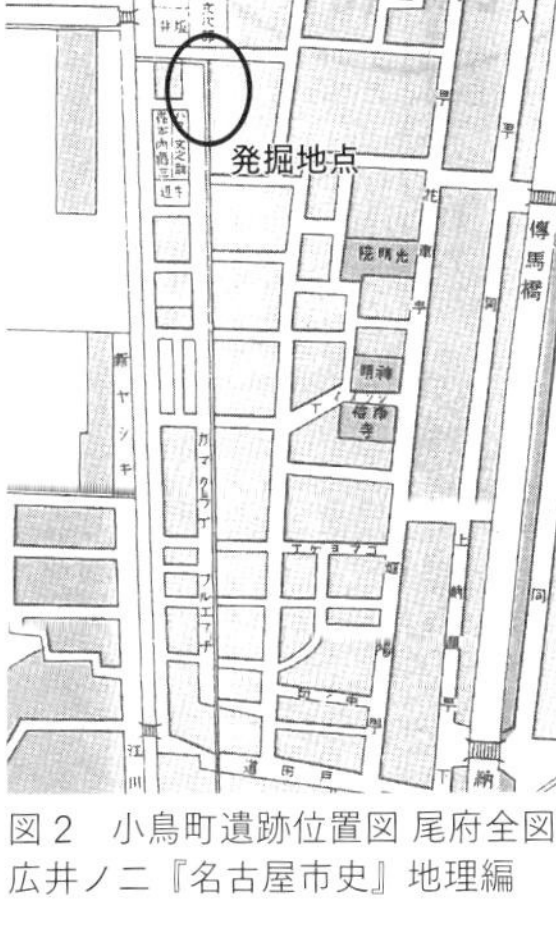

図2　小鳥町遺跡位置図 尾府全図 広井ノ二『名古屋市史』地理編

が存在したことが確認され、その溝の底付近からかなりの量の江戸時代初期の陶器片が見つかったことである。護岸の痕跡が認められないことからおそらく素掘りであった溝は、名古屋城下町開府の時期につくられていたと推定される。開府の頃には正式に城下町とはなっていなかったこの地区が、「町続」として整備され町人が居住していたことがうかがわれる。

図3　南北溝切石積み石垣
名古屋市教育委員会提供

　もう1点は、丸石積み護岸の裏込めの下底部から木樋片が、切石積み護岸北端のやや東で約40cm角の木製箱状の遺物と木樋が発見されたことである（図5）。これらの遺物は、江戸時代の上水道である幅下水道のものである。その出土の状況から古い溝が埋められて石積み護岸が築かれた時かそれ以降に敷設されたものと推定される。

図4　東西溝丸石積み石垣
名古屋市教育委員会提供

　同様の遺構と遺物が、西区の幅下小学校の体育館工事の際にも発見されている。寛文3年（1663）尾張藩は庄内川から名古屋城の御深井堀まで導水し、翌年には堀川の西側（西・中村区）に配水する上水道を整えた。この上水道を幅下水道といい、幹線部分は藩が、枝分かれした引き込み線は使用する家が自費で管理していたようである。発見された箱状の遺物は、完全な形ではないものの2面に穴があけられていることから、幹線から支線へ、あるいは支線をさらに分岐させるための配水枡と推定される。

図5　配水枡出土状況
名古屋市教育委員会提供

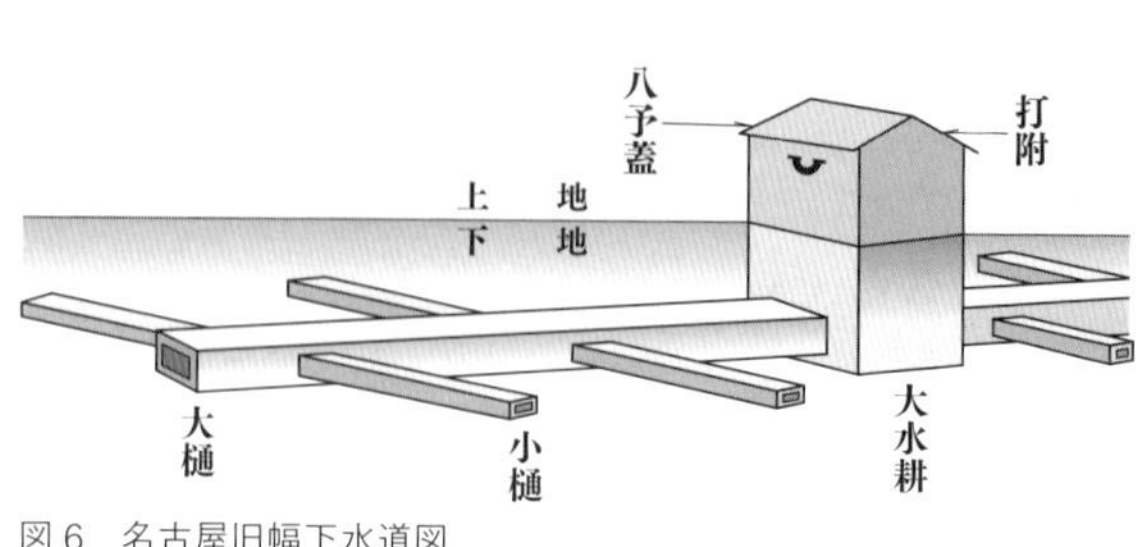

図6　名古屋旧幅下水道図

上水道の使用料は開設当時は無料であったが、享保12年（1727）以降は有料となり、利用者は以下の利用料を11月に作事奉行に支払うこととなった。

幹線より　町人　銀5匁
　　　　　武士　銀3匁
自前の引込管より
　　　　　町人　銀1匁2分
　　　　　武士　銀7分

この遺跡は、旧町名にちなみ小島町遺跡と名づけられた。記録によるとこの町には、染物屋、医者、書家、お目見えの御用商人などさまざまな人が暮らしていたが、幕末の古地図には発掘調査がおこなわれた地点のあたりに3人の下級藩士が居住していたことも記録されている。出土した茶碗・皿・花瓶などの陶磁器（図7）から、かなり豊かな暮らしぶりがうかがわれる。

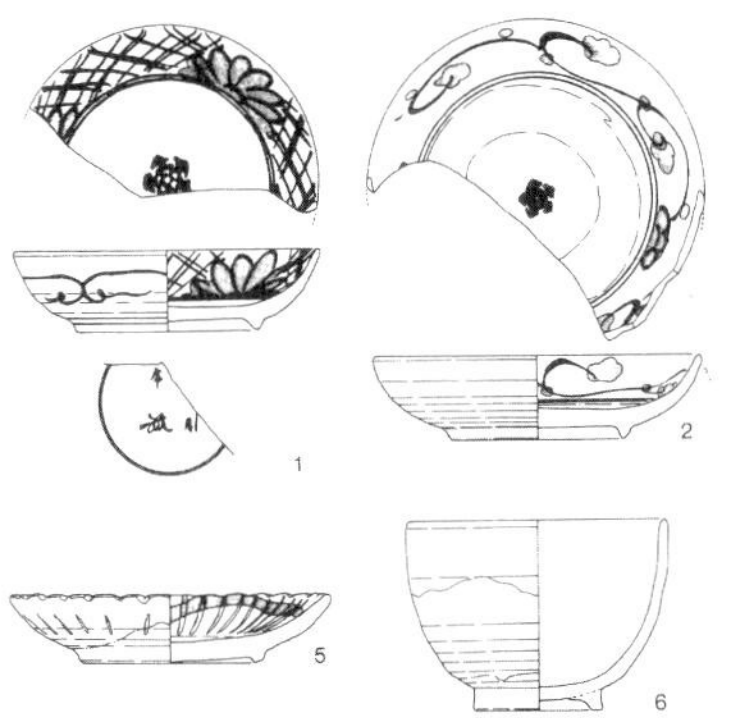

この遺跡が発見されるまでは、名古屋城下町の人々の営みの痕跡は明治以降の都市整備と開発ですべて破壊され残っていないと思われていた。しかし、この調査により良好な状態で残存する可能性が示され、その後、旧紫川遺跡を始めとする城下町遺跡の発掘調査につながった。近世の名古屋の姿を明らかにするきっかけとなったという点でも重要な遺跡である。

図7　小島町遺跡出土：陶磁器実測図（「旧名古屋城下町遺構発掘調査概要報告書（Ⅰ）」）

笹島焼

古代以来尾張は、やきものの生産地として多くの製品を全国各地に供給してきた。この伝統が受け継がれて、江戸時代に名古屋城内をはじめ城下とその近郊でさまざまなやきものが焼かれた。

これらのやきものは、藩の意向により城内御深井丸（おふけ）の庭で焼かれた御深井焼、趣味で焼かれたもの、生業として焼かれたものに分けられる。御深井焼は、瀬戸の赤津村から呼び寄せられた陶工により制作された。17世紀前半から幕末まで断続的に、尾張徳川家の御道具、家臣と町人への下賜品が生産された。十二代藩主の斉荘（なりたか）の代には、斉荘が茶事を好んだため新たに楽焼の窯が築かれた。この窯で焼かれたやきものは萩山焼と呼ばれる。趣味として制作されたものとしては、尾張藩士平沢九朗、正木惣三郎、医師で俳人でもあった井上士朗、印をつくる篆刻（てんこく）家（か）山口餘延年らが制作したものが挙げられる。生業として焼かれたものには、八事音聞山（おとききやま）（天白区）で山田権平によって焼かれた廬山焼、加藤利慶（りけい）に始まる豊楽焼、瀬戸の陶工加藤新七が愛知郡川名村（昭和区）で制作した川名焼、そして笹島焼がある。

　笹島焼は、釉薬を施した軟質の陶器で、名古屋城下に隣接した笹島村で初代牧朴斎（通称文吉）（１７８２－１８５７）から三代にわたって制作された。朴斎は、幼い頃からものつくりを好み、絵を文人画家の張月樵（ちょうげつしょう）に学び、彫刻も得意でその技芸を活かして作陶した。朴斎は、十二代藩主斉荘の御前で制作をし、萩山焼にも関わった。この窯では平沢九朗などの藩士も作陶にあたった。

　朴斎は、酒器、抹茶茶碗、菓子器、鉢、盃台などさまざまな器を制作し、斬新なデザインと鮮やかな色彩で装飾した。彼の作品の中でも当時高級な輸入品であったインド更紗の文様を写した草花文皿は、大胆な意匠と美しい色彩に目を奪われる作品である。『尾張名所図会』では、「近来の新製にして、楽薬の模様さまざまに、色どりうつくしき陶器なり」と紹介されている。朴斎は安政4年に77歳で没し、浄土真宗大谷派の西光寺（中村中町三丁目22）に葬られた。朴斎のほか陶工保斎の名が知られている。製品には、「笹島」、「笹嶋」、「篠島」、「篠嶋」の印が押された。大正12年（１９２３）頃まで操業したが、国鉄名古屋駅の拡張により廃業を余儀なくされた。

農村のようす

江戸時代の中村区は、江川より東は市街地化が進み、船入町、駒除町、納屋町などの町と広井村は、享保13年（１７２８）に町奉行支配となり城下町に組み込まれたが、江川の西は農村地帯で国奉行支配下の大代官の支配を受けていた。広井村の市街地化が急速であったことは、17世紀中頃に成立した「寛文村々覚書（かんぶんむらむらおぼえがき）」と文政4年（１８２１）に成立した「尾張徇行記（おわりじゅんこうき）」に記載された人口を比べると一目瞭

表１　中村区の村の石高と人口

村名	石高　石	前期人口	後期人口
稲葉地村	2,524.6	694	1,013
岩塚村	2,408.3	846	838
大秋村	336.3	101	146
烏森村（一部中川区）	1,243.9	437	410
上中村	711.5	299	424
米野村	2,033.5	1,037	641
栄村（一部西区）	1,283.1	730	349
下中村	1,428.8	692	679
高須賀村	374.2	109	149
中島村	311.8	122	95
中野高畑村	1,832.5	387	390
八田村（一部中川区）	326.7	142	120
日比津村	2,275.6	875	927
平野村	182.8	120	125
広井村（一部中・西区）	2,668.8	2,060	6,943
牧野村	567.5	151	196
横井村	124.6	138	102
総計	20,634.5	8,940	13,547

＊石高　『尾張徇行記』による
＊人口　前期『寛文村々覚書』後期『尾張徇行記』による

然である。17世紀中頃に2060人であったのが、6943人と3倍以上に急増している（表1）。

同じく『尾張徇行記』によると、現在の中、西、中川区の一部を含む中村区域の村々の総石高は、およそ2万600石である。17の村のうち佐屋街道の宿駅のある岩塚村と町奉行支配の広井村は、年貢米、諸役、産物を直接藩に納める蔵入地であった。他の村は、藩の直轄地と藩士の知行地が混在していた。これらの村々では藺草を栽培し、畳表や筵をつくって生計の足しにしていたが、とくに栄村で盛んであった。高須賀村の願成寺薬師堂近隣の農家が300種類余りの菊を数十間の花壇に植えていたので、花の見頃になると多くの人が訪れて菊の花を楽しみ、菊屋敷と呼んだと伝えられている（図8）。

中村区内の道が、碁盤の目のように整備されてゆく中で、日比津は昔からの道筋が残されている。道は整備され、家も建て替えられているが、昔の面影が感じられる。そのような気分にさせるのは、日蓮宗の供養塔「宝塔様」が目に入るからでもあろう（図9）。町を歩くと辻の各所で、土台の上に「南無妙法蓮華経」と彫られた石塔が据えられているのを目にする。これらは流行病を防ぐためや豊作を祈願するために建てられた塔で、多くは江戸時代後期の年号が彫られている。疫病が流行し死者の多かった時期に建立されたものが多いという。供養塔は、自然の脅威を受けることが多く、医療の恩恵を受けることの少なかった人々の平穏無事を祈る切実な願いを込めて建立された。この地の日蓮宗寺院定徳寺の檀家の方々が、月に一度「宝塔様」の前に集まり供養してきたが、現在では10基の塔のうち3カ所でしかおこなわれなくなったという。この行事も高齢化と世代交代による後継者不足で、存続が難しくなりつつある。

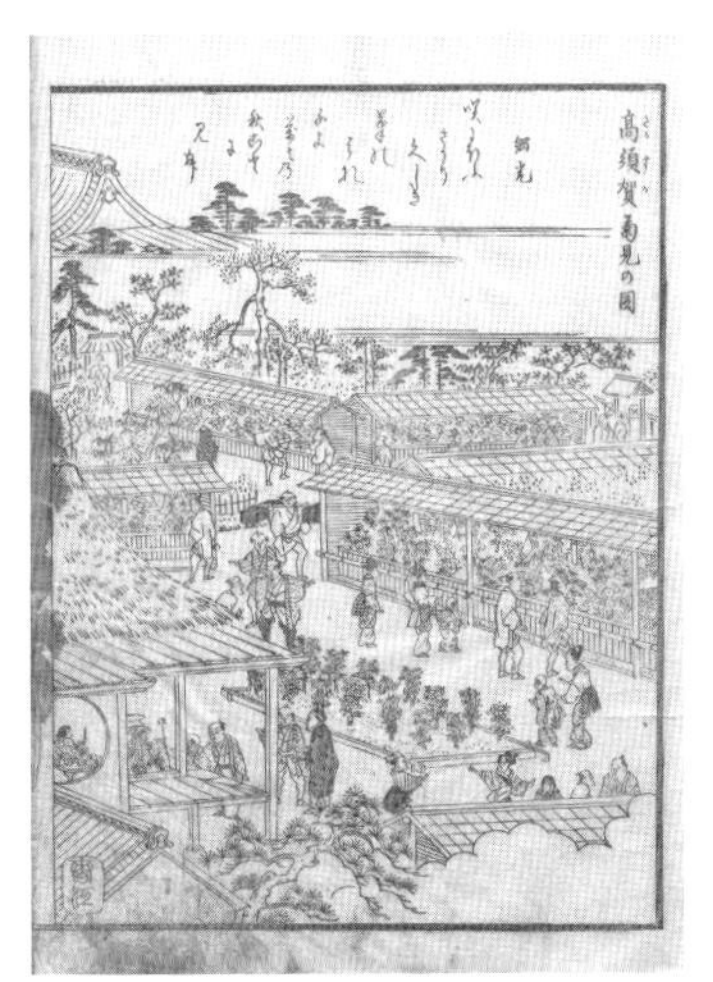

図8　高須賀菊見の図（『尾張名所図会』前編5）愛知県図書館所蔵

図9　宝塔様

2　街道の移り変わり

中村区を通る街道

佐屋街道・柳街道・鎌倉街道・美濃路・「中村道」

文…種田祐司

　中村区内を通るおもな街道として、ここで紹介するのは佐屋街道、柳街道、鎌倉街道である。このうち、佐屋街道・柳街道は江戸時代の街道であるが、鎌倉街道は鎌倉～室町時代の街道であり、時代としては重ならない。ほかに江戸時代の街道として美濃路や、名古屋から現在の中村公園付近を結ぶ「中村道」も紹介する（図1）。

佐屋街道

　佐屋街道は東海道宮（熱田）宿と東海道桑名宿（三重県桑名市）を結ぶ街道で、佐屋路ともよばれた。東海道は、二つの宿の間を通称七里の渡しの海路で結んでいた。七里の渡しは風向きや風の強ささえよければ、約4時間の船旅であった。しかし暴風時や、逆に無風あるいは逆風時は船が出ない日もあった。また江戸時代の人々は、現代人よりはるかに船酔いしやすかったと思われ、船を嫌う人も多かった。その場合、陸路と川船の渡しを中心とした佐屋街道が利用されたのである。佐屋街道は、寛永11年（1634）将軍家光の上洛の時、尾張藩初代藩主の徳川義直が開いたといわれている。

　江戸から上方に向かう場合、宮宿で美濃路を北上し名古屋城下に向かうが、城下に入るすぐ手前の古渡で美濃路と別れ左折する。これが佐屋街道で、岩塚宿から万場宿までは庄内川を船で渡り、神守宿を経て、佐屋宿に達する。ここで佐屋川を三里の渡しの船で下り、桑名宿まで出た。このように、佐屋街道は東海道のバイパスであった。熱田宿から佐屋宿まで六里、佐屋宿から桑名宿までの水路は三里なので、七里の渡しより二里ほど長かった。もっとも伊勢湾の北部に新田が次々と開発されると、七里の渡しも、かなり迂回しなければならなくなった。そのため、江戸時代後期には七里以上の海路となった。なお、街道に関する法令は幕府の道中奉行から出されたが、日常の宿場管理は領主である尾張藩にまかされた。

　佐屋街道の四つの宿場のうち、中村区内には岩塚宿があるので、ここを詳しく見ていきたい。岩塚宿は寛永13年に設けられたとされる。天保14年（1843）

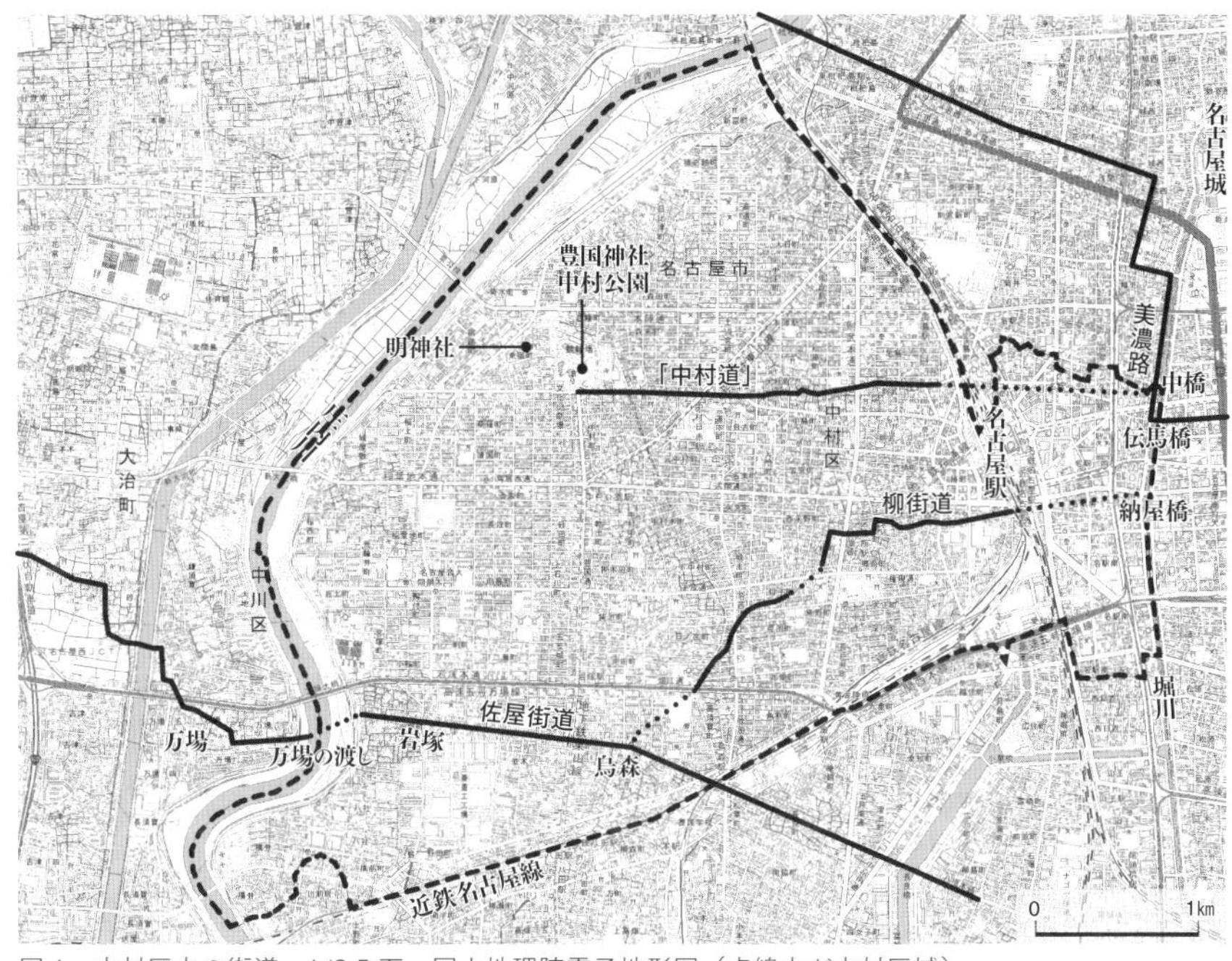

図1　中村区内の街道　1/2.5万　国土地理院電子地形図（点線内が中村区域）

図2　庄内川と万場大橋

の幕府の調査では本陣一軒、脇本陣なし、旅籠七軒であった。佐屋路四宿は佐屋の本陣二軒を除き、他の宿は本陣一軒のみであった。東海道や中山道では、これほど小規模の宿はない。前述のように庄内川を渡船（万場の渡し）する必要であり（図2）、対岸が万場宿（中川区）である。つまり岩塚宿と万場宿は、庄内川をはさんで向かいあっているのである。東海道の大井川の両岸に島田宿と金谷宿があるのと同様である。伝馬の制度は当初四二人・四二疋で、のちに五〇人・五〇疋となるが、実際には三四疋しか常備していなかったという記録もある。人馬継立は、万場宿と1カ月を15日交代でおこなっていた。文政9年（1826）江戸参府のためシーボルトらオランダ使節団が通っているし（長崎への帰りは宮の渡し経由）、文久2年（1862）と3年には、十四代将軍徳川家茂や一橋（徳川）慶喜が上京の際に通っている。

佐屋街道を歩く

佐屋街道の始点は現在の中区金山駅南口付近だが、尾頭橋を渡ると中川区となり、ここから長良橋を経て、近鉄烏森駅までは中川区内である。西北西に向かう道は、ほぼ幅10mくらいの直線路である。烏森駅で中村区に入るが、直線の道が続く（図3）。烏森駅から先は、江戸時代の烏森村集落の北辺を通る。烏森郵便局の角で柳街道と別れるが、佐屋街道もこの地点からほんの少し左折し、ほぼ真西に向かう。豊国通りを横切るが、ここまで烏森駅から15分ほどである。さらに15分ほど歩くと前方が少し高くなり、庄内川の堤防につきあたる（図4）。この手前が岩塚宿の中心部であるが、昔の雰囲気はあまり残っていない。万場までは、すぐ北側にある万場大橋（図5）を渡ることになる。万場は中川区であるが、岩塚より街道の雰囲気が残っているので、足を延ばしてほしい。

図3　烏森駅付近

図4　岩塚宿跡

図5　万場の渡し（『尾張名所図会』）愛知県図書館所蔵

柳街道

柳街道は名古屋城下と佐屋街道を結ぶ短絡路で、ほぼ全区間が中村区内である。始点は柳橋、終点は佐屋街道の烏森である。柳街道の名称は、尾張藩や幕府の絵図などにも記載されており、別の呼び方がないという点でめずらしい街道である。名称の由来は、街道に柳並木があったから、中世の一楊（柳）御厨に通じるから、という二説がある。文政13年（1830）、おかげ参りが全国で流行した時、尾張には、宮の渡し（東海道）、佐屋街道、津島街道（上街道）の三つのルートがあり、それぞれ参詣者で大変な賑わいであった。名古屋城下の住民が佐屋街道経由で伊勢参詣をする場合、この柳街道を通った。おかげ参りの記録である高力猿猴庵（こうりきえんこうあん）の『画誌卯之花笠（えほんうのはながさ）』では「又、柳街道も同じく佐屋廻りの旅人を助く」と記されている。

柳街道を歩く

出発点である柳橋を西に向かうと、名古屋駅周辺の高層ビル群がそびえる。当時の雰囲気はまったくない。当街道は広小路通の一本南側の道を入る。太閤四丁目付近はだいたい街道の道筋をたどることができる。このあたりは江戸時代の米野村の集落で、少し雰囲気が残る（図6）。一般的に街道の雰囲気は、江戸時代に田畑だった場所より、集落の方がよく残っている。則武本通りを渡ると街道は南西に向きを変え、黄金（こがね）中学の手前でいったん道が消えるが中学の西で復活し、ななめに南西に向かう道をたどることができる。松陰高校付近で再び消え、烏森郵便局の角（図7）で復活し佐屋街道に合流している。

図6　上米野町付近

図7　烏森郵便局付近（手前は佐屋街道）

鎌倉街道

鎌倉街道は、鎌倉時代から戦国時代にかけて関東と京都を結んだ街道で、古代の東海道がその前身である。幕府が鎌倉にあった鎌倉時代はもちろん、京都にあった室町時代でも重要な街道であった。小栗判官（はんがん）の伝説にちなみ、小栗街道とよばれることもある。

この街道は名古屋市をだいたい北西から南東に横切っているが、現在のどの地点を通っていたか正確には不明である。江戸時代にはすでに使われなくなっており、近代に入ると耕地整理・区画整理や都市計画道路などにより、ほぼ完全に道が消えてしまった。近代以降の道は、だいたい東西か南北の直線となり、それ以前にあった斜めの道や、曲がりくねった道は整理されてしまったからである。

それでも鎌倉街道が通っていた地名は、当時の紀行文などから、名古屋周辺だけでも、萱津（かやづ）（あま市）、古渡（中区）、二村山（豊明市）など、いくつかの地名が判明している。さらに古渡と二村山の間には、熱田（熱田区）、井戸田（瑞穂区）、野並（天白区）、鳴海（緑区）、呼続（南区）などの地名も出てくるが、これらを一本の線で結ぶことはできないので、古渡・二村山間は二、三本に分かれていたと考えられる。

さて中村区内に限っては、確実に鎌倉街道が通っていた地名は一つもないが、区内西北部の東宿町や宿跡町付近は街道が通っていた可能性が高い。日本各地に「宿」がつく地名があるが、これは中世の宿場であった場所にほぼ限られる。江戸時代の宿場の地名は、現代になるとふつう「宿」の字が付かないからだ。そのため「東宿」の地名は、萱津宿の東の宿という意味だと考えられている。萱津と「東宿」の間には庄内川が流れているので、船渡しで結ばれていたのであろう。大きな川の両岸に宿ができるのは、佐屋街道の庄内川両岸の岩塚・万場宿や、東海道の大井川両岸の島田・金谷宿をみれば、納得できるであろう。つまり川の流れが急で船が出せない場合、両岸とも旅人が滞留し、その付近で宿泊せざるをえないからである。なお、「東宿」は現在「とうしゅく」ではなく「ひがしじゅく」と読んでいるが（図8）、当時からそう呼ばれたかは不明である。

図8　「東宿町」バス停

街道は東宿からほぼ45度の角度で南東に向かい、露橋（中川区）方面に達したようである。

鎌倉街道を歩く

前述のように、現在中村区内の道はほぼ東西か南北に通り、北を上にした地図上で鎌倉街道のような斜めの道はほとんど残っていない。ただし、東宿町にある明神社（図9）は鎌倉時代初期の創建と伝えており、街道がこの近くを通っていたとすれば、当時から旅人を見つめていたことになる。また明神社の西に墓地があり、「じょろばこ」という女郎墓があったといわれている。女郎とは、東宿の旅籠で旅人の相手をしていた遊女のことであろう。ただし現在、この墓は残っていない。

図9　明神社

ここまで来たら、中村区内ではないが豊公橋を越えて萱津宿の本宿（西宿）を訪ねることをお勧めしたい。中世の萱津は、有名な「富田庄絵図」（円覚寺所蔵、本書35ページ参照）にも描かれている。現在も当時の様子が残っているという点で、全鎌倉街道中でも屈指の場所といってよい。まず街道の道筋がほぼ残っており、妙勝寺・光明寺・実成寺・萱津神社など鎌倉街道が現役時に存在していた寺社や、阿波手森・反魂塚などの史跡もある。

美濃路

美濃路は東海道宮宿と中山道垂井宿を結び、五街道に次ぐ重要な街道であった。途中、名古屋・清須・大垣を通り、古代の東海道や中世の鎌倉街道に近接する道でもあった。名古屋城下では本町通（筋）と呼ばれ、城下の背骨ともいうべき重要な道でもあった。

この街道は宮宿からまっすぐ北にのび、古渡・大須を通り、名古屋城下の碁盤割り地区を通る。そして城下の中心札の辻で左折し、伝馬町通を通って伝馬橋（図10）を渡り、すぐに右折して堀川沿いを北上する。そして中橋を渡った道と合流する。実は、中村区内の美濃路はこの伝馬橋・中橋間のわずか200m余りである。美濃路はさらに北上し、五条橋を右手に見て、巾下から西へ向かい枇杷島橋に向かう。

なお、美濃路は別のルートもある。それは札の辻で左折せず直進し、京町筋を左折、五条橋で堀川を渡り、前述のルートに合流するルート（図11）である。江戸時代には両者とも使われていたようである。

図10　伝馬橋　尾張名陽図会．(巻之2)
国立国会図書館デジタルコレクション

美濃路を歩く

わずか200m余りなので、伝馬橋・中橋の橋そのものは特筆すべきものはない。伝馬橋（図12）は大正9年（1920）の完成で、昭和63年修景、中橋（図13）は大正6年の完成で、ともに江戸時代のものではないが、それぞれ趣がある。現在はこのルートを桜通が分断している。桜通は堀川を桜橋で渡るが、この橋は江戸時代にはなかった。美濃路は桜通を渡ると、左側に一軒だけ古い建物（明治以降であろう）があるが、いつまで残るのであろうか。
なお中橋のたもとから、美濃路の先に愛知県指定文化財の川伊藤家が見える。さらに一本西側の道は四間道とよばれ、川伊藤家の蔵などの景観にすぐれ、名古屋市の町並保存地区に指定されている。このあたりは西区であるが、ぜひ足を延ばしてほしい。

図11　名古屋城下の美濃路　享保十四年酉年名護屋絵図　愛知県図書館所蔵

図13　中橋

図12　伝馬橋

「中村道」

中村公園は、豊臣秀吉や加藤清正の生誕地として整備された公園である。付近には豊国（とよくに）神社、常泉寺、妙行寺（みょうぎょうじ）など二人にゆかりの寺社がある（図14）。江戸時代、尾張藩士がこの地を訪ねることがあったようである。

明治18年（1885）、愛知県は秀吉生誕地として豊国神社を創建した。これが現在の中村公園の前身である。中村公園自体は明治34年の開園で、戦後拡張された。豊国神社ができると、一般の人々もここを訪れるようになり、その時彼らが通った道がこの「中村道」である。この名称はなじみがないが、昭和8年（1933）の「名古屋市全図」に記されている。

図14　豊臣秀吉出生地（『尾張名所図会』）愛知県図書館所蔵

「中村道」を歩く

この道の始点はよくわからないが、おそらく伝馬橋か中橋であろう。現在の名古屋駅の北側を通り、則武一丁目と亀島二丁目の間の道を西に向かって則武本通りを渡る。はのか小学校の前を過ぎると、一気に古い建物が目立つようになる。

図15　大秋町付近

このあたりは江戸時代の大秋村の集落で、途中道が枡形になって先が見通せない箇所がある。枡形の付近が一番昭和前期の雰囲気を残している（図15）。地下鉄東山線が下を通る鳥居通りを渡ると、前方に森が見えてくるが、ここが中村公園・豊国神社（図16）である。

図16　中村公園・豊国神社

3　田園からまちへ

近代化の中で変わり続ける町

文…水谷栄太郎

中村区の誕生

　明治維新によって新政府が生まれ、明治4年（1871）の廃藩置県によって名古屋藩と犬山藩が統合されて名古屋県となった。その翌年には愛知県と改称されて、6大区に分けられた。大区はさらに小区に区分されたが、現在の中村区の地域は第2大区の第1から第4小区に属していた。小区ごとに戸長を置き、区会所で戸籍と地券に関する事務を担当させていたが、明治9年には、大小区を廃止して県内を18区に分け、中村区の地域は第2区に属した。さらに明治11年に郡区町村制を敷いたが、これに先立ち町村の統廃合がおこなわれ、中村区内の中野高畑村、大秋村、中島村が合併して則武村となった。明治21年に市制、町村制が公布されて、従来の戸長役場は町村役場に、戸長は町村長となった。翌年に名古屋市が誕生し、明治23年には府県制、郡制が発布されて、町村の大合併がおこなわれ、従来の町村名が新町村の大字名となった。明治31年には那古野村が名古屋市に編入され、明治37年には笈瀬（おいせ）村を愛知町と改称した。さらに、明治39年鷹場村、日比津村と織豊村が合併して中村に、柳森村、松葉村と岩塚村を合わせて常盤村とした。

　一方、名古屋市は市域の拡大と人口の増加により市役所だけでは事務処理が困難となり、明治41年（1908）に市域を4分割して東、西、中、南区とし、区役所を置いた。第一次世界大戦の好景気により名古屋周辺の市街地化が進んだことと、大正9年（1920）に都市計画法が施行されたことを受けて、名古屋市は隣接する町村を都市計画区域とすることを視野に入れて、大正10年に隣接する16の町村を合併した。この時、中村は西区に、愛知町と常盤村は中区に編入された。

　昭和になると工業生産が活発になり名古屋市とその周辺への人の流入がより激しくなり、昭和9年（1934）に名古屋市の人口は100万人を突破した。そのため昭和12年大岩勇夫名古屋市長は、4区を10区に増加させる議案を議会に提案し可決された。その結果、従来の4区に新たに千種、中村、昭和、熱田、中川、

表1　中村地方町村合併一覧表（『中村区誌』）

明治2年頃	町村制施行前	明治22年	その後
栄村	栄村	鷹場村	中村（明治39年）大正10年8月名古屋市西区に編入
中野高畑村	則武村		
大秋村			
中島村			
日比津村	日比津村	日比津村	
稲葉地村	稲葉地村	織豊村	
上中村	上中村		
下中村	下中村		
牧野村	牧野村	笈瀬村	愛知町（明治37年）大正10年8月名古屋市中区に編入
平野村	平野村		
北一色村	北一色村		
米野村	米野村		
露橋村	露橋村		
日置村	日置村		
名古屋村	下名古屋村	那古野村	明治31年8月に名古屋市に編入
押切村	南押切村		
広井村	広井村		
烏森村	烏森村	柳森村	常盤村（明治39年）大正10年8月名古屋市中区に編入
万町村	万町村		
八田村	八田村		
高須賀村	高須賀村		
（略）	（略）	松葉村	
岩塚村	岩塚村	岩塚村	

港の6区が加わることとなり、中村区が誕生した。創設時の面積は、12・52㎢、人口10万8500人で、区役所は名古屋花壇跡（現中村郵便局）に置かれたが、翌年竹橋町に移転した。開庁時の職員は、区長以下64名であった。

明治初期の村

明治10年（1877）頃の愛知郡内の村のことを記録した『愛知郡村誌』から中村区の様子を見てみる。

愛知郡の堀川西部の地域は、東部と比べて水田の比率が高く、とくに則武村から露橋村にかけての地区の全耕地に対する水田比率は、80％を超えている。広井村を除いて地味は良好とは言えず、庄内川近くの村は砂混じり、その内側の村は粘土質で湿気が多い土壌であった。適した作物としては広井村では米、麦、菜種であるが、その他の村では藺草、麦、菜種、大豆、蕎麦、大根、薩摩芋が挙げられている。米野村では菜種、藺草、綿を、平野村では菜種と藺草を輸出していた。大秋、日比津、稲葉地、上中村、下中村、高須賀、岩塚の村々は農業専業であったが、米野、平野村では畳表を作り、牧野村では畳表と筵を作り商ってもいた。広井村では農業の合間に男は、商売や職人仕事もしていた。

交通の要地

明治19年（1886）に武豊線が熱田から清洲まで延長され、名古屋区長吉田禄在により広井村笹島に名古屋停車場が設けられ、明治22年に東海道線新橋、神戸間が全通した。さらに明治28年には関西鉄道の草津、名古屋間が開通し名古屋駅の南に愛知駅が設けられた。明治33年には中央西線の名古屋、多治見間が開通し、名古屋駅は国内の交通網の重要な要となった。

交通の利便性が高まると名古屋駅付近に近代的な企

図1　中村電車（絵はがき）高橋敬子氏所蔵

業が創設された。明治28年に那古野村の名古屋醤油、名古屋駅付近の尾張時計が、翌年には日本車両製造が活動を始めた。

市内交通では、明治22年に名古屋電気鉄道（名鉄）が笹島と久屋町をつなぎ市中心部への便が良くなった。大正2年（1913）には名古屋土地株式会社軌道部により笹島にかかる明治橋と中村公園を結ぶ路線も開通し、中村区民の大切な足となった（図1、2）。この軌道部は大正15年に中村電気鉄道として分社され鉄道とバスの運行をおこなったが、営業成績が振るわず、昭和11年（1936）に名古屋市に買収された。

図2　中村公園内の花壇と猿の飼育所（絵はがき）高橋敬子氏所蔵

名古屋市内線を充実しつつ、岐阜、犬山、一宮、岩倉など郡部地域へ路線を延長していた名古屋電気鉄道は、大正2年柳橋に駅を開設し、本社を置いた。その後昭和12年の国鉄名古屋駅の新駅への移転によって空いた旧駅の跡地に移った。

昭和13年には関西急行電鉄（近鉄）の名古屋、桑名間が開通し、国鉄名古屋駅の地下のホームを駅として開業した。その後、鉄道会社の合併を経て名古屋と大阪が結ばれることとなる。

戦前2度企画されながら戦争などにより頓挫していた地下鉄工事が、1954年に開始され、1957年名古屋、栄町間が開通した。1964年には、東京、新大阪間で東海道新幹線が開通し、1975年には博多にまで延びた。その結果長距離間の移動が飛躍的に速く便利となり、経済成長との相乗効果で名古屋駅周辺の開発が急速に進展した。

豊田自動織機製造工場

発明家でありトヨタグループの基礎を築いた豊田佐吉は、自動織機の発明と改善に心血を注いだ。

豊田佐吉は、明治29年（1896）に蒸気機関を使った日本で最初の動力織機を完成させた。佐吉はさらに動力源として石油発動機を用いることとした。この自動織機に着目した三井物産が、織機製作会社の設立を佐吉に提案し、明治32年合名会社井桁商会が創立され、堀内町（名駅三丁目）に工場が建設された。佐吉は技師長として製作の指導と発明にあたるはずであったが、不況のため経営が悪化して、その対応に追われることとなった。十分な研究ができなくなった佐吉は井桁商会を辞し、明治35年に豊田商会を設立し研究に専念することとなった。明治38年佐吉は、たて糸の送り出し装置を備えた豊田式38年式織機を発明し、島崎町（名駅二丁目）に工場を建設する。明治40年には三井物産の勧めで財界人の資金提供を受け、豊田商会を発展的に解消して豊田式織機株式会社が設立され、佐吉は常務取締役技師長に就任した。しかし、技術者と経営者との両立に苦しんだ佐吉は職を辞し、欧米を歴訪した。この旅で自らが開発した織機の優秀さに自信を深めて帰国した佐吉は、明治44年中村区に隣接する西区則武新町（トヨタ産業技術記念館所在地）に独立自営の豊田自動織布工場を設立した。こうした紆余曲折を経て、大正時代に優れた性能を持つ画期的なG型自動織機が誕生した。

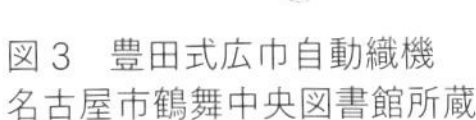

図３　豊田式広巾自動織機
名古屋市鶴舞中央図書館所蔵

柳橋中央市場

年の瀬になるとお正月の食料を求める客で賑わう柳橋中央市場のルーツは、名古屋停車場ができた明治19年（1886）頃に、駅近くの禰宜町（名駅南一丁目）あたりで自然発生的に生まれた市場であった（図4）。この市場は立地の良さから店の数も増えた。そこで、明治43年に愛知県知事深野一三、名古屋市長加藤重三郎の仲介により名古屋財界の有力者奥田正香、山田才吉、白石半助、吉田高朗ら9人が発起人となって中央市場株式会社が設立され、現在の所在地西柳町（名駅四丁目）で営業を開始した。利用者向けの飲食店もあり、街中にある民設民営の身近な市場として一般の人にも親しまれてきた。市場は現在12団体が中心となって運営されており、鮮魚の仲卸

図４　中央市場禰宜町
名古屋市鶴舞中央図書館所蔵

図５　柳橋中央市場　中央水産ビル

商などおよそ200店舗が出店している。このうち約70店舗が入っている中央水産ビルと冷蔵ビルが、2019年に売却されることとなった（図5）。ビルを所有する名古屋中央市場水産物協同組合は、2棟のビルと駐車場を売却し、解散する予定と伝えられている。リニア新幹線の開通を見据えて再開発の進む名古屋駅界隈が、その姿を大きく変えようとしている。

ヒマラヤ製菓と美術館

最後までヒマラヤの名を受け継いで中日ビルで営業していた「ティーサロン　ヒマラヤ」が、ビルの建て替えのため2019年1月に閉店した。

ヒマラヤ製菓を創業した津田弘（1925−1989）は、名古屋市に生まれ中学生の時に植物分類学者となることを志して東北帝国大学理学部生物学科に進学した。しかし、1945年仙台で空襲に遭い焼け出されて名古屋に帰郷し、名古屋大学を卒業した。1950年頃に製菓業を始め、1956年にはヒマラヤ製菓株式会社を設立した。名古屋市を中心に愛知県、三重県にケーキの販売店と喫茶店を展開し、「コーチンエッグ」、赤味噌を用いた「みそサブレ」など地元の食材を取り入れた特色のある洋菓子を提供した。

社業は順調に発展し、津田弘は1984年に植物分類学の殿堂を建設するためにと3億円を東北大学に寄付した。東北大学は、植物園内に津田記念館を建設し、生物学教室植物分類学講座開設以来の植物標本を収蔵して、津田が敬愛していた著名な植物学者牧野富太郎の誕生日にちなみ1987年4月24日に開館した。津田記念館は、日本最大の植物標本館であり多くの研究者と学生に利用されている（図6）。

図6　津田記念館　東北大学植物園提供

津田は、事業の傍ら三岸節子、杉本健吉、鬼頭鍋三郎など地元に縁のある画家を中心に三岸好太郎、岸田劉生、梅原龍三郎などの作品を収集した。そして、それらを地元の文化振興に役立てるために1977年に本社と隣接する中村区太閤一丁目23−1にヒマラヤ美術館を開館した（図7）。

美術館の1階はケーキの

図7　ヒマラヤ美術館展示室（アーカイブされた同社のホームページから）

販売店と喫茶室とし、2、3階は杉本健吉展示室、三岸節子展示室と近代日本洋画室として収集作品を公開した。最盛期には200点の作品を所蔵し、名古屋駅に近い地の利もあり、多くの人が訪れ洋菓子と美術作品を楽しんだ。1983年には財団法人化され、作品は財団の所有となった。しかし、ヒマラヤ製菓所有作品と財団所有の作品が一体として管理されていたため、財団所有作品も債務の担保とされ、三岸節子の「ヴェネチア」などの有名な作品が流出し、行方不明となっていることが、2002年に明らかとなり閉館することとなった。

　ヒマラヤ製菓は、グループ3社とともに2004年に自己破産を申請し、全11店舗は休業したが、地元食肉販売会社が買収し、洋菓子の生産と販売店舗と喫茶室の営業が再開された。しかし、同年食肉販売会社も倒産した。店舗のうち数店は地元の企業が営業を引き継いだが、やがてすべての店が閉店し、ヒマラヤの名は消えた。

　津田弘氏没後十余年で会社と美術館はなくなったが、彼は実業家としてのみならず、学術・文化の支援者として大きな足跡を残した。

災害の記録

　中村区の地域は、近代になってからも幾多の自然災害を被ってきた。被害の大きかった濃尾地震と伊勢湾台風を取り上げ紹介する。

濃尾地震

　明治24年（1891）10月28日午前6時38分に、岐阜県大野郡西根尾村大字能郷付近（本巣市根尾）を震源地とするマグニチュード8〜8・4の大地震が発生し、岐阜県と愛知県に大きな被害をもたらした。その被災地の名をとり濃尾地震と呼ばれている。その痕跡は、総延長80㎞にわたる断層崖として現在も目にすることができる。同年末までに1010回の余震があり、とりわけ同年11月28日の烈震（震度6）と翌年1月3日の激震（震度7）は人々を不安に陥れた。

　現在の名古屋市域では中心部と西北部の被害が大きかった。愛知県警察部の「震災記録」によると、当時の名古屋市の死者は190名、負傷者499名、全壊家屋1261戸、半壊家屋1603戸であった。一方、現在の中村区にあたる地区、禰宜町　花車町、日比津村、織豊村　鷹場村、岩塚村、柳森村（村域は57ページ表1参照）では、44名が死亡、67名が負傷、998戸が全壊し、609戸が半壊した。各村とも、全戸の半数以上が全半壊しており、被害の深刻さがうかがえる。名古屋市では、頑丈で安全と思われていた県庁、裁判所、名古屋電信電話局、尾張紡績会社などのレンガ造りの建物が崩壊し、多くの死傷者を出した（図8）。

　各地で火災が発生し、焼死者も出たが、現中村区内では日比津村で一カ所出火

図8　濃尾地震で倒壊した名古屋郵便局・電信局　名古屋市鶴舞中央図書館所蔵

したのみで、大事には至らなかった。名古屋市内では、被災者が笹島、名古屋城近辺、熱田神宮、広小路などの空地に避難した。市役所が市内十数カ所に避難所を設置したが、収容しきれなかった(図9)。

その様子を見た南禰宜町の宮池氏は自分の桑畑の木をすべて切り、その地と100枚余の筵を被災者に提供したと伝えられる。後に首相となる第三師団長桂太郎は軍隊を派遣し、被災者の救助、消火活動、炊出しへの支援、夜間の警戒などに当たらせ、警察、消防と協力して事態の収拾に努めた。

図9　濃尾地震愛知病院野外診療所　名古屋市鶴舞中央図書館所蔵

濃尾地震による惨状が伝わると総理大臣松方正義、北条侍従が視察に訪れた。愛知県は、県だけで対応することは不可能であることを訴え、政府に支援を求めた。皇室、華族、仏教の各宗派、神社、キリスト教団体、そして全国の多くの人々から義援金と救援物資が送られてきた。新聞社も競って募金を呼びかけた。さらに、日本に居留する中国人、欧米各国の人々からの義援金も寄せられ、彼らの本国からも寄付金が送られてきた。また、人命救助に当たった「特志者」は警察の調査では1500人余りに及んだという。今のボランティアにあたる人たちであろうが、中には警察に賞与を催促する人もいたという。

伊勢湾台風

1959年9月26日の夕方猛烈な勢力で紀伊半島南端に上陸した台風15号(伊勢湾台風)は北北東に進路をとり、夜半に名古屋を直撃した。名古屋地方の平均最大風速は37m、最大瞬間風速は45m。台風中心近くでは毎時50～70㎜の雨が降り、折悪しく満潮時を迎えていた名古屋港の最高潮位は5・81mに達した。押し寄せた高潮が堤防を乗り越えたため名古屋市南部は冠水し、堤防の決壊による浸水を加えると市域の53%、半分以上が水に浸かった。浸入した水は貯木場の木材を凶器に変え、多くの人命と家を奪った。水はなかなか引かず、被災者は長期の避難生活を強いられ、こどもたちは学ぶ場を失った。

名古屋市全体と中村区の人と家屋の被害は表2の通

表2　伊勢湾台風の被害

	名古屋市	中村区
死者・行方不明者	1,909 名	6 名
負傷者	42,379 名	714 名
全壊家屋	6,166 戸	135 戸
半壊家屋	43,249 戸	441 戸
床上浸水家屋	34,883 戸	121 戸
床下浸水家屋	32,469 戸	9,310 戸

りである。中村区では浸水した家屋が多く床下浸水家屋は全市の30％近くを占めたが、床上浸水は0・3％にとどまった。強風による被害も大きかった。中村公園ではおよそ400本の木が倒れ、区内の学校では瓦が飛ばされ、窓ガラスが割れて、塀も倒れた。例えば豊国中学校では4棟の木造建物の瓦がずれたり飛び、建物の戸の多くが全半壊した。建物の325枚のガラスが割れ、渡廊下は全壊し、立木が27本倒れた（図10、11、12）。

中村区は、南、港、中川区などの南部の区と比べると被害が軽かったので、10月1日以降中村、則武、亀島、牧野、米野、日比津（ひびつ）、柳、日吉、稲葉地、岩塚、六反、豊臣の12の小学校が被災者の受け入れを開始し、計1145名を収容した。教員は、深刻な被害を受けた学校を応援するため10月以降各校を訪問し、復旧作業を手伝った。また、児童、生徒たちも中学校区単位で街路の清掃と街路樹の整理をおこなった。

例えば10月5日から10日まで、則武、日吉、千成小学校と豊国中学校の延べ3960人の児童、生徒が、学区内の街路のゴミを集めて燃やし、泥などを処分し、街路樹の枝打ち、補強、廃棄をした。高校生たちも、おとなと一緒に心身ともにつらい復旧作業に従事し、市民全体で復活、復興のために力を合わせた。

中村区は、戦災、東海豪雨でも大きな被害を受けたが、復興を果たしてきた。

図10　日吉小学校の倒れた樹木
名古屋市南図書館所蔵

図11　豊国中学校の瓦の飛ばされた校舎
名古屋市南図書館所蔵

図12　日比津小学校分校の吹き飛ばされた屋根　名古屋市南図書館所蔵

【コラム】
名古屋駅周辺の変貌

文…柴垣勇夫

中村区は、昭和12年（1937）の名古屋駅新築移転から戦後の焼け野原の時期を経て、名古屋駅東側地域でビル開発が進み、昭和30年代に交通の玄関口として大きく変貌する。1957年に地下鉄名古屋〜栄間が開業すると、やがて1964年の東京オリンピックに合わせて新幹線が開業し、大きく発展することとなる。一方、名古屋市東部丘陵には東名高速道路の名古屋インターができ、先に開通した名神高速道路と合わせて東部丘陵の開発が進むと、名古屋第二環状線道路の計画が進行する。中村区には、その内側の市道名古屋環状線が通ることも手伝って通過交通量も大きなものとなっていった。こうした背景のもと、名古屋駅周辺にバスターミナルの整備も昭和40年代後半に進められていった。さらに庄内川の外側に計画された名古屋第二環状線道路が着工されると、名古屋市内の渋滞を避けて通過できる名古屋都市高速道路の計画も具体化する。しかし経済状況の悪化から国営の道路公団ではなく地方道路公社法による名古屋高速道路公社での事業となり1970年に公社が設立するも建設反対運動もあって、事業の凍結などの紆余曲折を経る。やっと1986年に中村区の南部を通って市内と東名阪自動車道を結ぶ東山・万場線が開通、平成に入って名神高速道路に向けての南北線が中村区東端の市道上に出現する。こうして2003年にかけて伊勢湾岸道、名古屋第二環状線道路との接続ができ、2013年に名古屋高速道路全線が供用を開始した。こうして名古屋市内とこれを取り巻く高速道路を連絡する道路網が整備された。

また、1981年にオリンピック招致に失敗した名古屋市では、1989年に市政百周年記念事業に市内経済の起爆剤として誘致した世界デザイン博覧会で、名古屋駅前の都市の象徴としてあった「青年の像」（1958年設置・名城公園に移設）に変えて、過去から未来への発信をイメージするモニュメント・高さ23mステンレス製の「飛翔」が造られた。そして1999年には、高さ245mのツインタワーJRセントラルタワーズが一部開業した。以後、周辺に再開発ビルが相次いで竣工していった。さらに南部笹島地区にも愛知大学や中京テレビ、種々の複合施設「ささしまライブ24」が2017年に整備された。このように発展を遂げる名古屋駅周辺では、リニア新幹線の着工を機に東西地区で新たな再開発への動きが活発化していきつつある。

現在の名古屋駅前

文化編

今も区画割りに名残を残す中村遊廓

文…伊藤正博

「大名古屋市西部地図」（図1）は住宅地図だが、書かれているのは妓楼の名前ばかり。これは中村遊廓の案内図なのだ。

大須の旭廓、中村に移転

名古屋の遊廓は江戸時代初期に飛騨屋町、宗春が藩主だった1732年（享保17）から西小路など3カ所に設けられた。しかしいずれも短期間で禁止されている。

再び遊廓ができたのは明治7年（1874）だ。大須観音近くで営業が公認され、明治9年に移転し旭郭と名づけられ、名古屋有数の繁華街になった。しかし、街中にあるため弊害が問題になっていた。

当時は郊外の田園地帯であった中村へ移転することになり、大正9年（1920）に新しい遊廓の建設が始まった。碁盤の目に道路が造られ、四隅だけが斜めの道路になっている。まだ下水が整備されていないので、外周に幅1・8mの堀を設けて集めた水を徳左川へ排水できるようにした。東西の通りには日吉町・寿町・大門町・羽衣町・賑町という華やかな名が付けられ、遊廓特有のぜいをこらした大きな妓楼が次々と建てられた。

賑わう旭廓とその終焉

大正12年（1923）4月1日、華々しく開業した。

当初は、江戸時代と同じように娼妓が格子の中に並んで客が声をかけるのを待っていた。しかし人権意識が高まるなか、昭和6年（1931）頃から店頭に写真を並べて娼妓を選ぶように変わっている。

名古屋の遊廓は東京と違い、一人の娼妓が同じ時間帯に複数の客の応対をする「廻し」制度がなかった。店に上がった客は待たされる事なく娼妓が応対してくれる。中村遊廓ができた年の9月に関東大震災が起き、東京の吉原遊廓から娼妓や太鼓持ち（男芸者）が中村遊廓に流れてきた。しかし廻し制度なく、太鼓持ちは仕事がないので程なくしていなくなったという。

遊廓が一番賑わったのは、汎太平洋平和博覧会がひらかれた昭和12年（1937）だ。147軒の妓楼に1900人の娼妓がいた。戦争が激しくなると企業整備がおこなわれ、昭和18年には妓楼が19軒、娼妓が220人に減ってしまった。休業した妓楼は、軍需工場の増産のために各地から集められた工員の寄宿舎に使われた。

　戦争が終わり、名古屋の町は焼け野原になったが、中村遊廓は一部が被災しただけだった。それまでの旭廓から名楽園に名を変え、休業していた店も妓楼として再出発したものの、戦前の賑わいを取り戻すことは難しかった。

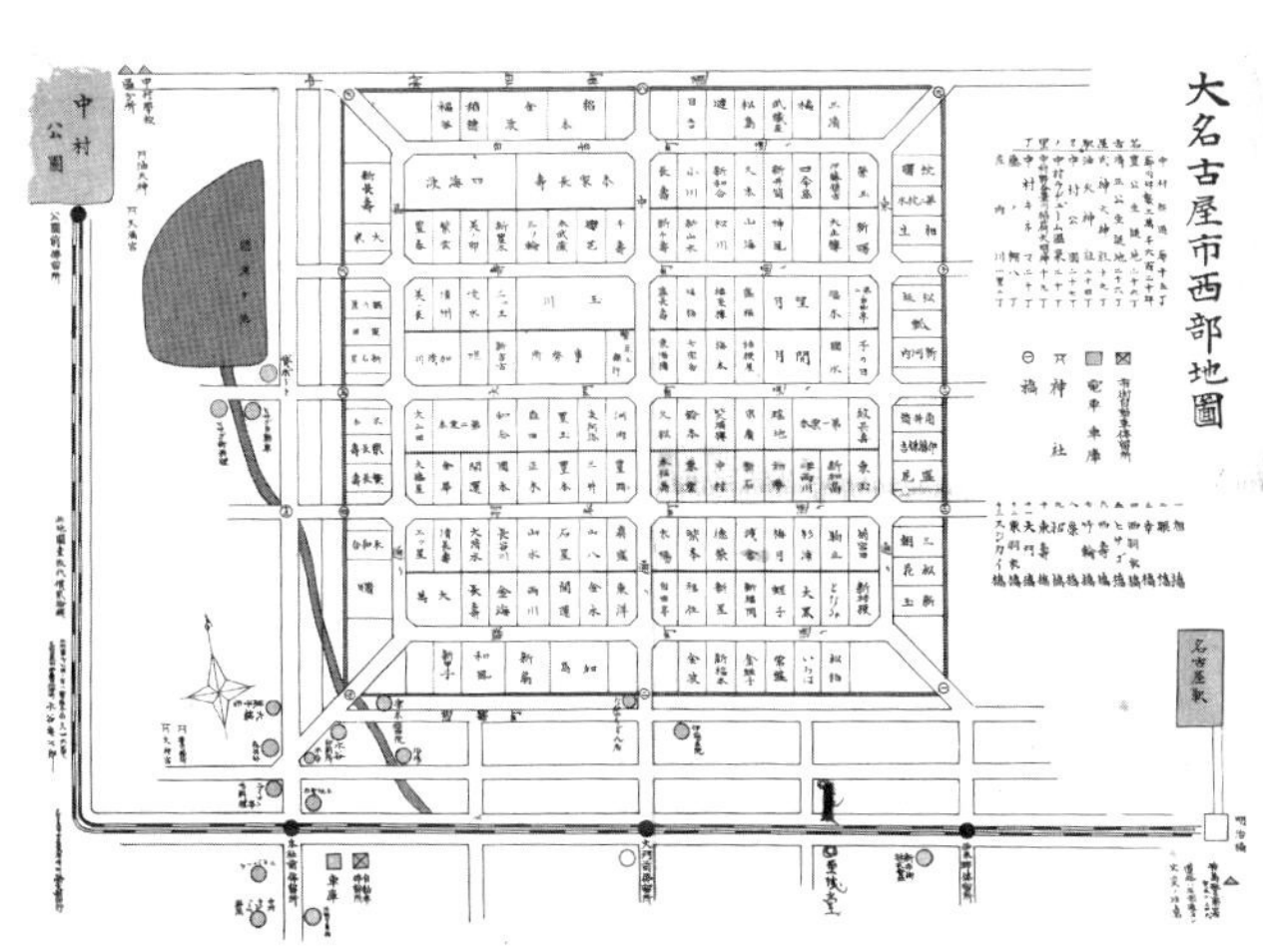

図1　大名古屋市西部地図（伊藤正博所蔵）
左上の「遊里ヶ池」には、現在中村日赤が建っている

　中村遊廓は売春防止法全面施行を前に、1957年12月末をもって廃止された。かつての妓楼は旅館や料理屋、特殊浴場などに転業したが、年月を経るとともに数が減っていった。日本建築の粋を凝らした妓楼の建物も、90年もの歳月により老朽化が進み、今はわずかに残るだけとなった。

娼妓の暮らし

　遊廓は赤い灯青い灯がともる街を人々が行きかう華やかな所だ。しかし、そこで働いている娼妓たちにとっては「苦界」であった。

　娼妓には固定給がなく、売り上げの一部が収入になる。

　店に最低限のものはあるが、客の歓心を買うための夫婦茶碗や上等の布団などは、出入りの商人から自分で買わなければならなかった。その値段は茶碗の場合、市価の2～3倍だ。なじみ客はツケで登楼するが、回収できなければ娼妓の負担になる。

　このような仕組みなので前借金は増える一方だ。それがかさむと他所へと移っていった。移籍するときは、妓楼からの借金に口入れ屋の利益などが上乗せされ、借金はさらに増えてゆく。苦界の泥水から抜け出せないまま年をとってゆく娼妓が多かったという。

1 地図で読むまちの変遷

消えた川と水路

文…伊藤正博

明治11年（1878）に発行された「名古屋明細図」（図1）を見ると、納屋橋の下流に江川と堀川を結ぶ水路が描かれている。今の天王崎橋筋の1本南の通りだが、昔の面影はまったく残っていない。

水があふれやすい江川

名古屋台地の西は、沖積平野が広がり豊かな農地だった。庄内用水（惣兵衛川）・江川・笈瀬川など幾筋もの川が用水や排水に使われ、人々の暮らしを支えていた。

これらの川は平坦な平野を流れている。江川は現在の西区稲生で庄内用水から分流して熱田前新田で中川に注ぐ川で、灌漑にも排水にも使われていた。しかし平坦な低平地を流れるため排水能力が低い。稲生の標高は約4mで中川との合流点は0m地帯だ。直線距離で10km流れる間の標高差は、わずかに4mしかなく、広井村（現 西区那古野～中村区名駅南）あたりで川幅が7・3m、ふだんの水深は60cmという勾配の小さな狭くて浅い川であった。このため、いったん豪雨が降るとあふれやすく、人家や田畑に広がった水はなかなか引かず、人々を苦しめていた。

一方、堀川は江川よりはるかに幅も深さもあり大きな排水能力を持っていた。

江川の水を堀川へ

江川の水害を軽減するため、納屋橋の南に江川から堀川へ水を流す水路が造られた。江川から分流させる杁（取水口）は、幅が2・7m高さが1・5mと記録されているので、相当量の水を流すことができる。ここを通って、江川の余剰水や大雨などの水を堀川に落としていたのである。

水路の姿は「御船御行列之図」にかいま見えており、石積みの護岸が造られ橋が架けられている。

時代による変遷はあるが、

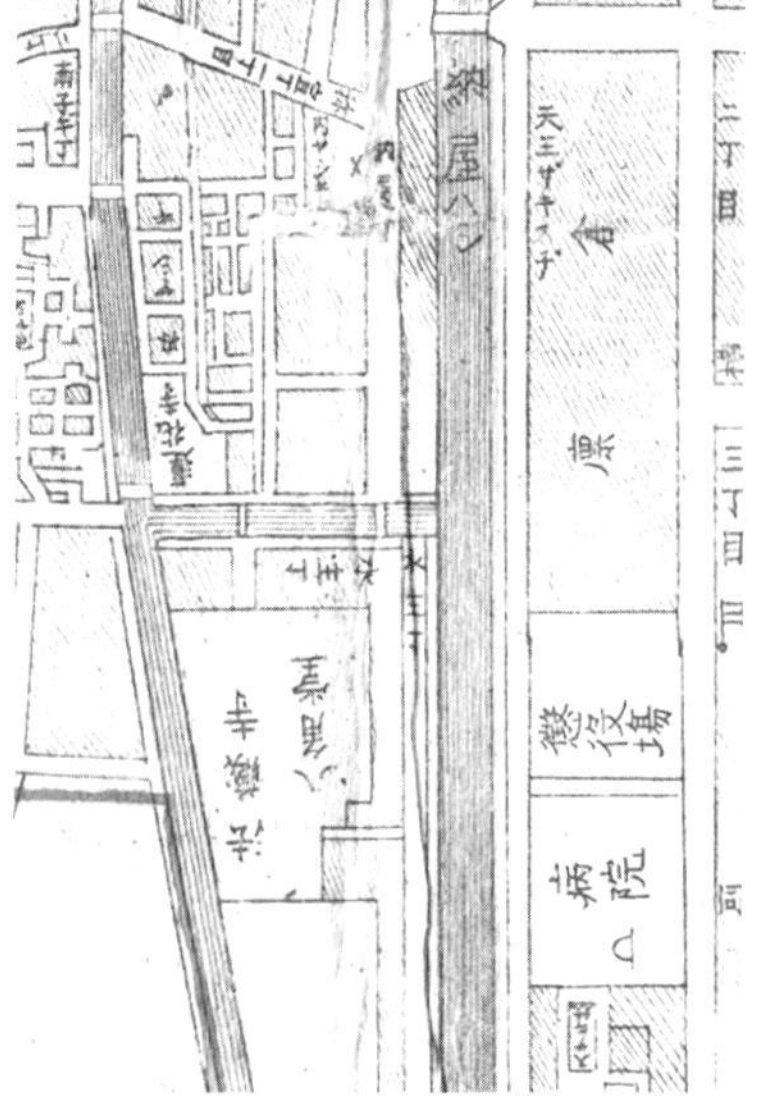

図1　名古屋明細図（明治11年）
伊藤正博所蔵

この場所のほか江川と堀川は今の小塩橋付近などでもつなげられ、江川の負担を軽減していた。堀川は江川のバイパスでもあったのだ。

水車が回る水路

この水路に水車が架けられていたことがある。

寛文11年（1671）に日置村の人が水車を造ったとも、貞享元年（1684）に納屋町に住んでいた新蔵という人が造ったとも言われている。水路の上に、長さ約15ｍの水車小屋があり、油を絞るのに使っていた。行灯（あんどん）を灯す菜種油などを作り、城下の人々に売っていたのだろう。

公共の水路を使うので、年間600人の人足を対岸にあった藩の蔵に提供するか、あるいは金十両を納めることが条件であった。

この水車はわずか10年ほどで廃止されたが、名前は後の時代まで残った。水路は水車江筋、江川の西は水車町と呼ばれ、水車地区という言葉はつい数十年前まで使われていた（図2）。

図2　『尾府全図』（『名古屋市史』地図編）

江川の岸を行く路面電車

江川は田の灌漑や地域の排水に活用されたが、明治になると川沿いの道路を路面電車が走るようになった（図3）。

名古屋で初めて路面電車が通るようになったのは明治31年（1898）で、笹島と久屋町を結んでいた。

その3年後、名古屋で2番目の路線として江川の柳橋から押切（現西区）への路線が開通し、大正元年（1912）には柳橋から船方（現熱田区）までが全通している。柳橋は東西と南北の路面電車が交差する便の良い場所になった。

消えゆく江川と水路

かつて江川が流れていた場所は市街の外れであったが、路面電車が走るようになると賑やかな所に変わった。周辺地域が市街地になるとともに下水道の整備がおこなわれた。昭和6年（1931）に江川を下水幹線にする工事が始まり、堀川への水路も姿を消した。

図3　柳橋と江川沿いの線路　個人所蔵

1　地図で読むまちの変遷

名古屋でいちばん立派な愛知駅

文…伊藤正博

明治33年（1900）に発行された「名古屋及熱田市街実測図」（図1）を見ると、名古屋駅の南に駅が記載されている。関西鉄道の愛知駅である。近年、ささしまライブ24として生まれ変わった所だ。姿を消した愛知駅とはどんな駅だったのだろうか。

私鉄で地域の再興を

愛知駅をつくったのは、明治21年（1888）に四日市で設立された関西鉄道である。

明治になって官営の東海道線が名古屋から岐阜へ敷設され、交通は街道から鉄道へと大きく変わっていった。東海道の宿場だった三重県の桑名・亀山などは将来が懸念され、民営鉄道を敷設する気運が高まってきた。

また、滋賀県の大津と長浜の間は琵琶湖の水運があるため鉄道敷設が進まず、京都から四日市を経由して名古屋への私鉄を造ろうとする動きがあった。このような状況のなか、両者が協力して関西鉄道が創設されたのである。

設立の翌明治22年に琵琶湖畔の草津から三雲（現草津線の一部）までの区間が開業したのをかわぎりに順次線路を延ばし、愛知県内へも進出して明治28年には名古屋から草津まで開通している。その後、浪速鉄道などとの合併を経て路線を延長し、明治31年に名古屋と大阪の網島駅（現 廃駅）間が全通している。

広壮な愛知駅

当初は官営の名古屋駅を使用していたが、明治29年（1896）7月3日に愛知駅が開業した。

中央にドーム状の屋根をもつ時計塔がそびえ、いくつものドーマー窓が設けられた華やかな外観の西洋建築だ。当時の名古屋駅が切妻屋根の実用一辺倒な建物であるのとは対照的で、関西鉄道の意気込みが象徴されるターミナル駅舎である。

明治36年（1903）刊行

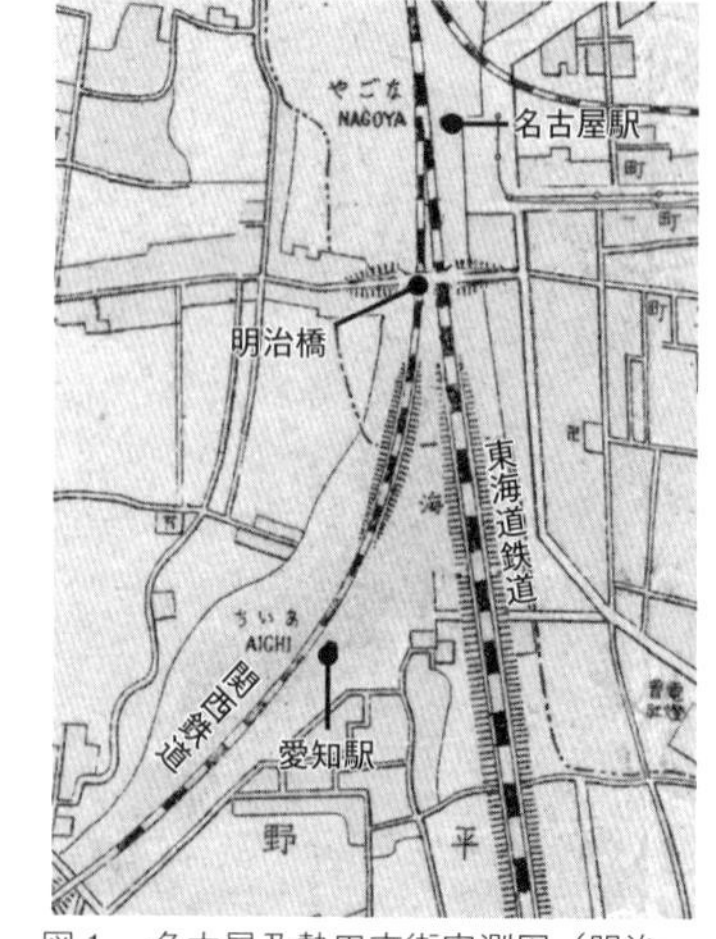

図1　名古屋及熱田市街実測図（明治33年〔1900〕）伊藤正博所蔵

の『名古屋案内』には次のように書かれている。

「愛知停車場は、市の西端、名古屋停車場を隔る約三町(300m)の南にあり。この停車場は関西鉄道の起点にして、東海鉄道西行旅客の当市を遊覧してのち参宮をなし、又は伊勢を経て京都、大坂および奈良地方に至る者は、皆当駅より乗車するなり。

　また停車場の構造其他の設備はすこぶる広壮にして、特にその建物は近年の築造に係り最も壮観を極むるなり」

図2　愛知駅(『名古屋駅八十年史』)

東海道線との激烈な競争

名古屋と大阪は東海道線も結んでおり、明治35年(1902)になると両者の間で激しい競争が始まった。

　大阪までの三等往復運賃は2円30銭だったが、関西鉄道は2円に値下げ、これを受けて東海道線は1円50銭にし、貨物運賃でも値下げ競争が起きた。この時は両者同一運賃にする協定が結ばれていったん収束した。

　翌年に、関西鉄道は協定破棄と値下げを断行した。東海道線もこれに応じて値下げをし、その後も値下げ競争が繰り返された。

　弊害も大きくなってきた。明治37年1月、名古屋商業会議所は逓信大臣に「競争区間に集中的に貨車を割り当てているので、西へ送るには便が良いが東への貨物は停滞している。運賃が次々に変わるので輸送費が算出しにくく、商取引が円滑に進まない」などの問題点を建議している。その結果、大阪府知事などが調停をおこない、4月に協定が成立して、鉄道史上まれに見る激しい競争は収束した。

鉄道国営化と愛知駅の廃止

競い合った両者に大きな転機が生まれた。

　鉄道は官営にすべきとの意見は明治初期から有ったが、官営鉄道の建設はなかなか進まず、民営鉄道が各地で整備されていった。その後、主要幹線を国営化する「鉄道国有法」が制定された。17の私設鉄道を国営とすることになり、関西鉄道は明治40年(1907)10月1日に国有化され、路線は関西本線になった。

　その後も名古屋駅と愛知駅は共存していたが、明治42年5月31日を最後に廃止された。立派な駅舎は、大正2年(1913)に時計塔やドーマー窓を省いた簡素な姿で移築されて岐阜駅舎となり、太平洋戦争で焼失した。

1　地図で読むまちの変遷

区の東西を結んだ中村電車

文…伊藤正博

大正6年（1917）に発行された「名古屋市街全図」（図1）を見ると、今の中村区の地域に、明治橋から中村公園まで路面電車が延びている。一体どんな路線なのだろうか。

中村西部地域の発展を

明治19年（1886）に名古屋駅が開業すると、駅から東の地域はめざましく発展して市街地になっていった。しかし西の地域は、依然として農村地帯のままであった。

明治44年（1911）に名古屋土地が設立された。豪農吉田高朗が買い集めていた日比津や上中村・則武などの土地15万坪を買収し、土地の開発や売買・賃貸、交通機関の経営などをおこない、地域の発展を図るのを目的にしていた。

中村電車の開通

地域の発展には、交通の便が不可欠である。

名古屋土地は大正元年（1912）に、路面電車の線路敷設を始めた。この頃は東海道線などが平面に敷かれており、明治橋という跨線橋が線路の東西を連絡していた。明治橋を渡った西から中村公園まで3・2kmに6つの停留所がある路線が単線で整備された（図2）。大正2年10月17日に営業を始め、24日に中村公園で祝賀会が開かれている。園内には模擬店が設けられ花火や相撲などの余興もあり、たいへんな盛況であった。

大正10年（1921）に沿線地域が名古屋市に編入され、大正12年に中村遊廓、昭和3年（1928）には大浴場や食堂・屋内運動場などを備えた総合レジャーランドの名古屋花壇（図3）ができ発展してきた。

それとともに、競争相手も現れ、大正12年（1923）に名古屋自動車が明治橋と中村遊廓をむすぶ名古屋最初の乗り合いバスの運

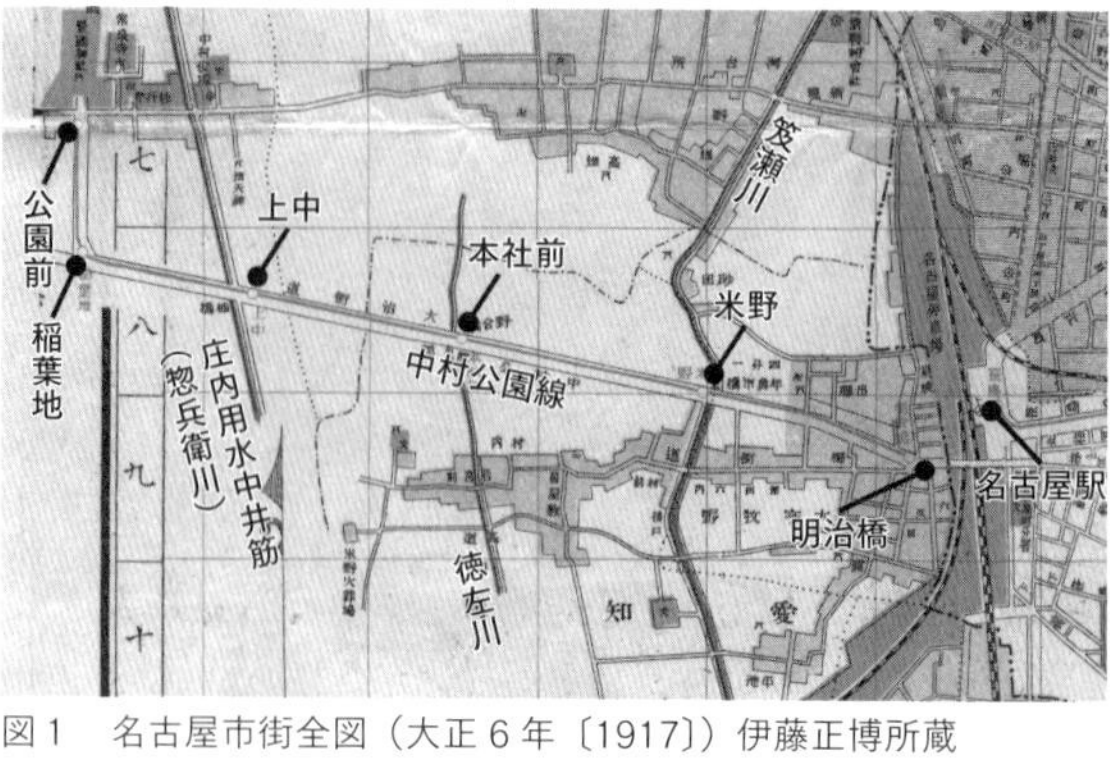

図1　名古屋市街全図（大正6年〔1917〕）伊藤正博所蔵

行を始めている。大正15年（1926）には名古屋土地の軌道部を独立させて中村電気軌道を発足させ、昭和4年にはバス事業も手がけるようになった。

中村電車も市電に

名古屋の路面電車は、大正11年（1922）に名古屋電気鉄道の市内線が市営になっていた。また、乗り合いバスはたくさんの会社が事業を営んでいたが、昭和10年（1935）に市が買収することになった。

中村電気軌道も昭和11年に電車・バス事業ともに名古屋市に買収され、中村電車は市電の中村線になった。

図２　大鳥居の脇を通り、中村公園（手前）に線路が延びている

図３　名古屋花壇（現中村郵便局・NTT）

伸びゆく路線

昭和12年には名古屋駅が笹島交差点北から現在地へ移転したのに合わせて東海道線などが高架となり、笹島からガードをくぐって線路の西へ行く道が造られた。これにより笹島交差点から笹島警察署（現中村署）までの線路が延長され、併せて単線だった中村線が複線になった。この時、太閤通にある旧稲葉地停留所は中村公園前に改称され、そこから中村公園までの区間は廃止されている。笹島交差点まで延びたことで広小路を通り東山公園まで電車を運行できるようになり、中村区西部は都心と直結するようになった。

戦後の高度成長によって市街地が拡大し、学校や工場が市周辺部に移転するなど、都市の構造が変わってきた。これに対応して１９５６年に中村線は中村公園前から稲葉地町まで延伸され、稲葉地車庫も設けられている。

車の普及で中村線は廃止

駅から西の地域は大きく発展したが、新たに市電の路線が建設されることはなく、中村線１本で地域の交通を支えてきた。しかしモータリゼーションが進み、市電の利用は年々減少していった。１９７２年３月１日、59年間にわたって地域の足となり発展の礎となっていた中村線は廃止され姿を消した。

1　地図で読むまちの変遷

鉄道の町　笹島

文…伊藤正博

昭和4年（1929）の住宅地図（図1）を見ると、笹島から北東の地域は今とはずいぶん違う町だ。明治19年（1886）の名古屋駅開業とともに、それまで田や畠だったところが市街地に変わった。駅とともに誕生し生長した町なので、住んでいる人や会社・商店も駅と深いつながりがある。

名古屋鉄道局と官舎

広小路など幹線道路沿いは賑やかな商店や事業所が建ち並んでいるが、その北側の広い区域は当時の鉄道省（現ＪＲ）名古屋鉄道局の事務所や職員が暮らす官舎になっていた。

外郭部には名古屋鉄道局・保線事務所など鉄道関係の施設が建っている。内側に同じような大きさの区画で人名が書かれているのは官舎だ。まさにこの区域は、この地方の鉄道や名古屋駅を維持する基地であった。

昭和12年（1937）の名古屋駅（旧駅ビル）完成と、戦災復興事業で官舎が駅南西の太閤一・三丁目へ移転したことで地域は大きく変った。跡地には錦通が造られて、駅前の商業・ビジネスの中心地として今の賑わいが生まれた。

郊外電車が始発　柳橋駅

大正2年（1913）に名古屋電気鉄道（後に名岐鉄道、名古屋鉄道）が運行する郡部線が柳橋まで乗り入れるようになり、柳橋は郡部線の始発駅になった。立派な駅（図2）も造られ、昭和16年（1941）に名古屋駅へ乗り入れるようになるまで、柳橋は郊外への

図1　住宅地図（昭和４年〔1929〕）

図2　柳橋駅（昭和8年〔1933〕頃）（『名古屋鉄道社史』）

図3　名古屋倉庫（『愛知県写真帖』明治43年〔1910〕）

図4　帝国冷蔵名古屋冷蔵庫（『愛知県写真帖』明治43年〔1910〕）

図5　駅前に建ち並ぶ旅館

交通ターミナルであった。

倉庫の町

今の名古屋駅では貨物の取り扱いをしていないが、かつては多くの荷物が貨車に積み降ろしされる物流の中心だった。駅の周辺にはそれらの貨物を保管するいくつもの倉庫が建っていた。

現在、クロスコートタワーなどが建つ場所には、名古屋倉庫（図3）があった。明治27年（1894）に、土蔵造平屋建の倉庫3棟を建てて営業を始めたのがこの会社の創業である。東海倉庫と激しい競争を繰り広げながら発展し、大正15年（1926）に両社は合併して、現在の東陽倉庫になっている。

ミッドランドスクエアの場所には、帝国冷蔵の名古屋冷蔵庫（図4）があった。明治41年に営業を開始し、主要事業は製氷と冷蔵庫での保管であった。その頃は凍結技術が低く、変質しやすい水産物などは長く保管できなかった。大正半ば頃でも保管品のうち水産物は半分程度で、他は農産物と畜産物だったという。帝国冷蔵は、今のニチレイの元となった会社である。

旅館の多い町

今も駅の周辺は交通の便が良いので、いくつものホテルがある。昔は汽車の本数が少なく、乗り継ぎのための宿泊や、乗車前の休憩などで多くの旅人が駅前旅館を利用した。

駅ができて4年後の明治23年（1890）では、東海道線の上り・下りとも1日5本の列車しか停車しない。徐々に本数が増え、中央線や郊外への私鉄などもできたが、名古屋止まりの列車や深夜・早朝の発着もある。漱石の『三四郎』では、名古屋駅前の旅館に1泊して東京へ向かうが、駅前旅館に泊まらなければ旅ができない時代だったのである。

広小路に面する木造3階建ての大きな旅館はひときわ目を引き、絵葉書（図5）にその姿を残している。

1　地図で読むまちの変遷

大都会に相応しい駅へ　名古屋駅の移転

文…伊藤正博

大正11年（1922）の「大名古屋市全図」（図1）を見ると、名古屋駅が笹島交差点の北、泥江交差点から南西に延びる道路の正面にある。今、ナナちゃん人形が立つあたりである。いったいどうして駅は北へ移転したのだろう。

初代・二代　名古屋駅

初めて名古屋駅ができたのは明治19年（1886）のことだ。当時は名古屋郊外の田園地帯だった笹島に駅舎が造られ、併せて、広小路の延伸と泥江交差点から駅までの道路が造られた。

明治23年（1890）に刊行された『尾張名所図絵』には「名古屋停車場は市の西にありて、笹島村に在り。その築造は仮普請にして、あえてみる可きものにあらず」と書かれている。残されている写真（図2）を見ると、切妻屋根で平屋の駅舎と、駅前の池で人力車を洗っている風景が写されている。

完成から5年後の1891年、この地方を襲った濃尾地震で駅舎は全壊し、翌年に同じ場所で再建された（図3）。明治36年（1903）刊行の『名古屋案内』には「大駅にして旅客の乗降頗る多く、建築其他の構造また甚だ宏壮なり」とあり、当時としては大きく立派な駅であった。

手狭になった名古屋駅

名古屋の発展とともに人や物の移動も活発になった。鉄道も路線が増えて、駅には東海道線のほか中央線・関西線・名古屋港線の列車も入ってくる。

明治33年（1900）には99万人弱の乗車人員が、大正9年（1920）には300万人余になってきた。これに対応して待合室の増設や事務室の改造、跨線橋の新設などがおこなわれて

図1　大名古屋市全図（大正11年〔1922〕）伊藤正博所蔵

きたが、多くの問題を抱えて限界に達していた。

・ホームが3面しかなく、駅で列車の行き違いや追い越しの待避ができない。

・通勤ラッシュの時は、ホームなどが人であふれる。

・駅前広場が狭く、市電と車両と人が交雑して危険。

駅が抱える大きな問題を解決するため、次の方針が決まった。

・駅を移転する。

・平面に敷かれている東海道線などを高架にして、線路西側地域の発展をはかる。

・貨物駅と貨車の操車場は、別の所に設ける。

東洋一の駅

昭和元年（1926）に用地の買収が始まり、29年には貨物の取り扱いを中川運河北端の新貨物駅（後の笹島駅）でおこなうようになり、昭和9年にいよいよ駅舎の建設工事が始まった（図4）。旧駅の200mほど北に鉄筋6階建ての豪壮なビルを建て、その西の広大な敷地に4面のホームと線路を設け、柳橋附近へ延びていた軍用線を廃止する大事業である。

新しい名古屋駅（図5）は昭和12年2月1日に開業した。当時の絵はがきには「建築の善美は正に東洋一と称せられ、特筆すべきはその材料の一塊のセメント、一本の釘に至るまで全て国産品にて出来上がっている」と誇らしげに書かれている。

駅の移転に合わせて桜通が整備された。駅前から大津通まで、当時としては非常に広い幅33mから44mの道路が造られ、駅と都心を直結したのである。

長年親しまれた名古屋駅だが、老朽化により1993年に取り壊され99年に複合ビル「JRセントラルタワーズ」が完成し、新しい名古屋の顔となっている。

図2　初代名古屋駅　市政資料館所蔵

図3　2代目の名古屋駅（大正2年〔1913〕）（『愛知県写真帖』）

図4　左下の黒屋根が旧名古屋駅。中央の鉄骨が建設中の新名古屋駅。旧線路敷は，今の駅前道路
名古屋市広報課提供

図5 完成した3代目名古屋駅と桜通

1　地図で読むまちの変遷

日本初の本格的地下街　名古屋駅前地下街

文…伊藤正博

1965年10月17日の「名古屋タイムズ」に「駅前地下街」という絵図（図1）が掲載されている。緩やかにカーブする通路の両側にさまざまな店が並び、今も引き続き営業している店もあれば、むかし訪れた思い出の店もあってなつかしい。

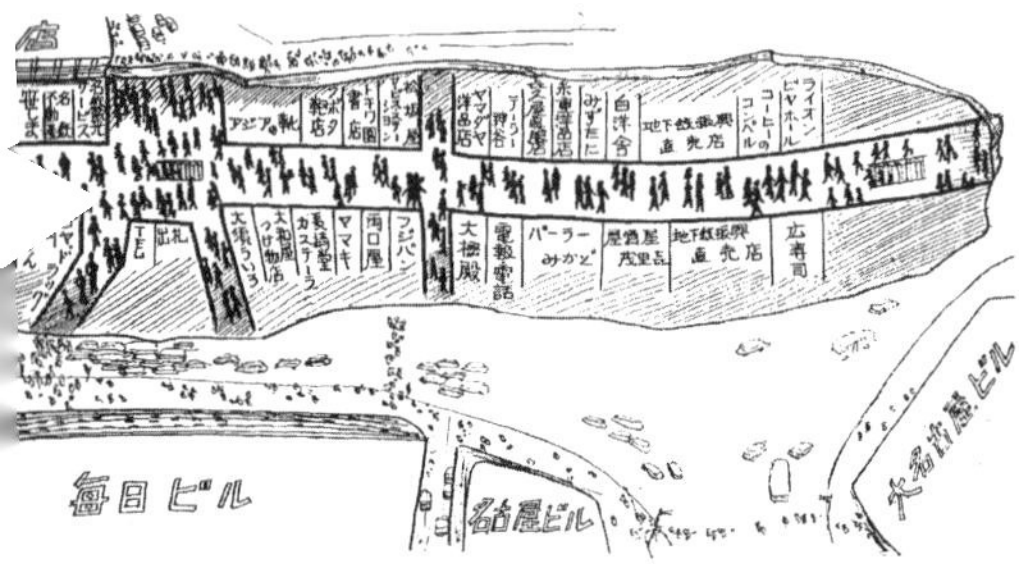

名古屋タイムズアーカイブス委員会提供

今では巨大迷路のように広がっている地下街は、どうして誕生したのだろうか。

活気と喧噪　戦後の駅周辺

太平洋戦争で焼け野原になった名古屋は、いち早く復興を進めていった。

駅周辺は戦災復興土地区画整理事業により広い道路が整備され、多くの人が行きかう場所だ。しかし、人と車と市電などが輻輳して事故も多く、ヤミ市やそれから発展した店などではとかくトラブルも起きやすい地域であった。

復興には交通網の整備が欠かせない。1947年には地下鉄の路線網が決定され、50年には名古屋駅から田代までの事業免許を受けている。

民間で地下街の建設を

その頃、名古屋の玄関口である駅前には木造2階建ての建物が建ち並んでいた。1日に20万人余の通行があるので有望な商業地域と考えられ、ビル建築の気運が高まってきた。

そのようななか、50年になると名古屋地下街建設実行委員会が結成され、53年に名古屋地下街が設立された。役員には周辺でビルの建築を予定している会社の代表も入っている。設立趣意書には、「名古屋駅前より笹島電停に至る道路下を利用して一大地下街を建設し、駅前における交通の混乱を除去し、併せて広壮豪華な商店街をアミューズメントセンター（複合型娯楽施設）たらしめんとする」との意

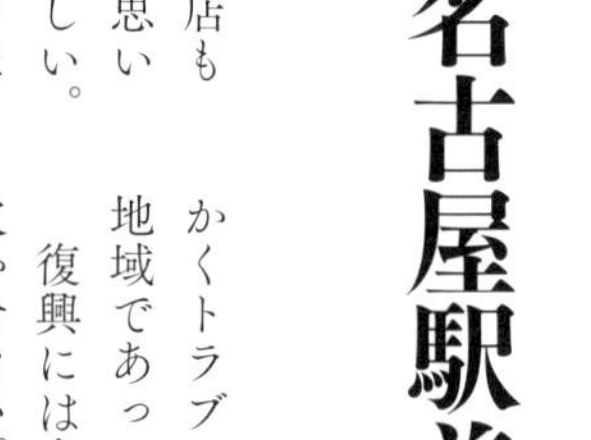

図2　開業時の地下街（『名古屋地下鉄振興株式会社30年史』）

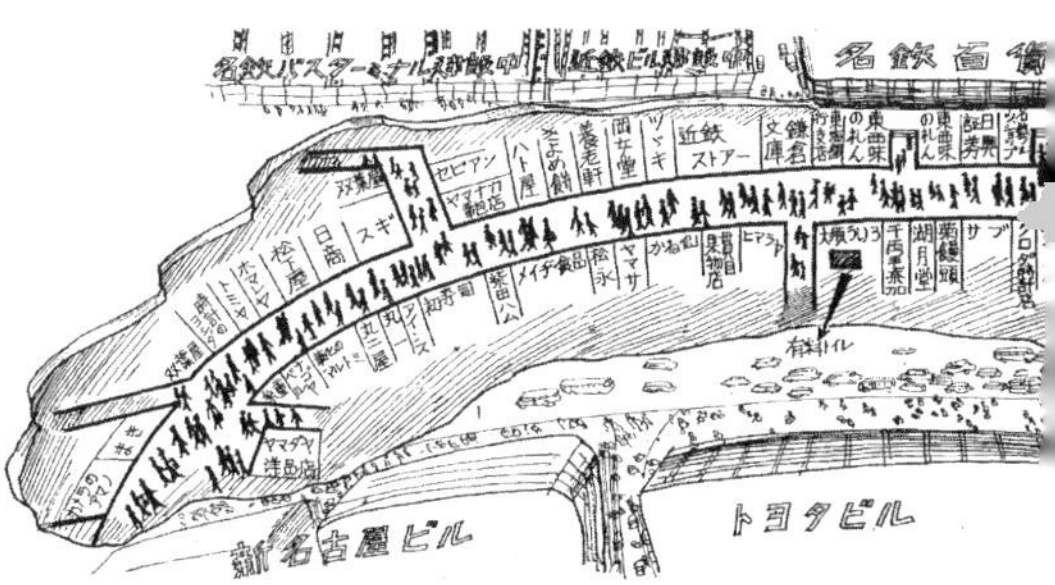

図1　1965年の名古屋駅前地下街

気込みが書かれている。

地下街は、それまでにも30年につくられた上野駅など何か所かあった。しかし、薄暗くて換気が悪くかび臭いなどのイメージがあり「広壮豪華な商店街」「アミューズメントセンター」とはほど遠いものだった。名古屋では、これまでとは一線を画した地下街の建設を目指したのである。

地下鉄と一体で建設

地下鉄は名古屋駅から堀川までの区間を高架で建設する計画であった。しかしいろいろな事情から地下に造られることになり、地下街は地下鉄のトンネルの上に一体で構築することになった。54年に名古屋から栄までの地下鉄工事が始まり、併せて地下街も造られてゆく。地下鉄の上という事情から、地下街の店舗奥行きや通路幅に制約があり、5m幅の通路となった。

この頃になると沿線はビルの建築ラッシュだ。名鉄百貨店（54年）、豊田ビル（55年）、毎日ビル（56年）、新名古屋ビル北館（57年）と、次々に地下街とつながる大きなビルが完成した。

地下鉄開通前の57年3月18日、地下鉄南改札口から笹島までの名古屋地下街が建設した「サンロード（初名 ナゴヤ地下街）」が開業し、7月には新名古屋ビルの「新名フード」が営業を始めた。11月15日の地下鉄開通とともに、名古屋地下鉄振興が管理する南改札口から北の「メイチカ」も開業している。

地下街の照明は間接照明で、店の行灯（あんどん）看板も統一された明るいもの。空気がよどまないように行う給気は、外気を地下水のシャワーにくぐらせて温度を下げて送風している。地下街にはさまざまな店が並び、枝のように延びる通路で周辺のビルへ行くと、名店街や映画館があり、まさにショッピングと娯楽の殿堂であった。日本初の本格的地下街が完成したのである（図2）。

発展する駅前広がる地下街

その後も駅周辺の発展はめざましく、ミヤコ地下街（63年）、ユニモール（70年）、テルミナ（76年、現ゲートウオーク）などができ、その後も拡張や改修がおこなわれた。

地下街が誕生して60年、周りのビルは次々と超高層ビルに建て替えられた。リニア中央新幹線開業に向け駅周辺のまちづくりが進められるなか、地下街もどのような新しい姿になるのか楽しみである。

2　川と川跡

新しい大地と古い町並みを抜けて

文…木村有作

中村区を流れる河川

　中村区は北から西の区境約7kmを庄内川、東の区境約1・5km分を堀川に囲まれている。地図で見る限りでは、中村区は水と縁の深い土地のようにみえるかもしれない。しかし、実情は、庄内川の水面とは高い堤防により隔てられ、区域の大半では川面を感じることはできない。

　1987年刊行の『中村区誌』によれば、7~8本の川の名前があげられている。うち、現在その水面がみられるのは、自然河川では庄内川、人工掘削の運河として堀川が知られるのみである。残る笈瀬（おいせ）川・江川・惣兵衛川（庄内用水路）・柳瀬（やなせ）川・徳左（とくさ）川においては、ほぼすべてが暗渠化された「見えない川」と化している。

　ここでは、すでに地上から姿を消した川を含めて紹介していきたい。

名古屋の地形と水環境

　中村区の川を語る前に、少しだけ名古屋市域全体の地形と水環境について触れておこう（図1、2）。名古屋の地形は、結構バラエティに富んでいる。名古屋城と熱田神宮を結ぶ現在の市街地の中心域は、熱田台地と呼ばれる標高5~15mの洪積世台地が南北に延びており、西と北は沖積平野、東は低い丘陵地となっている。台地と丘陵部は長い間の雨水や海進などで浸食されている。

　中村区の立地は、台地の西側北寄りの沖積平野であ

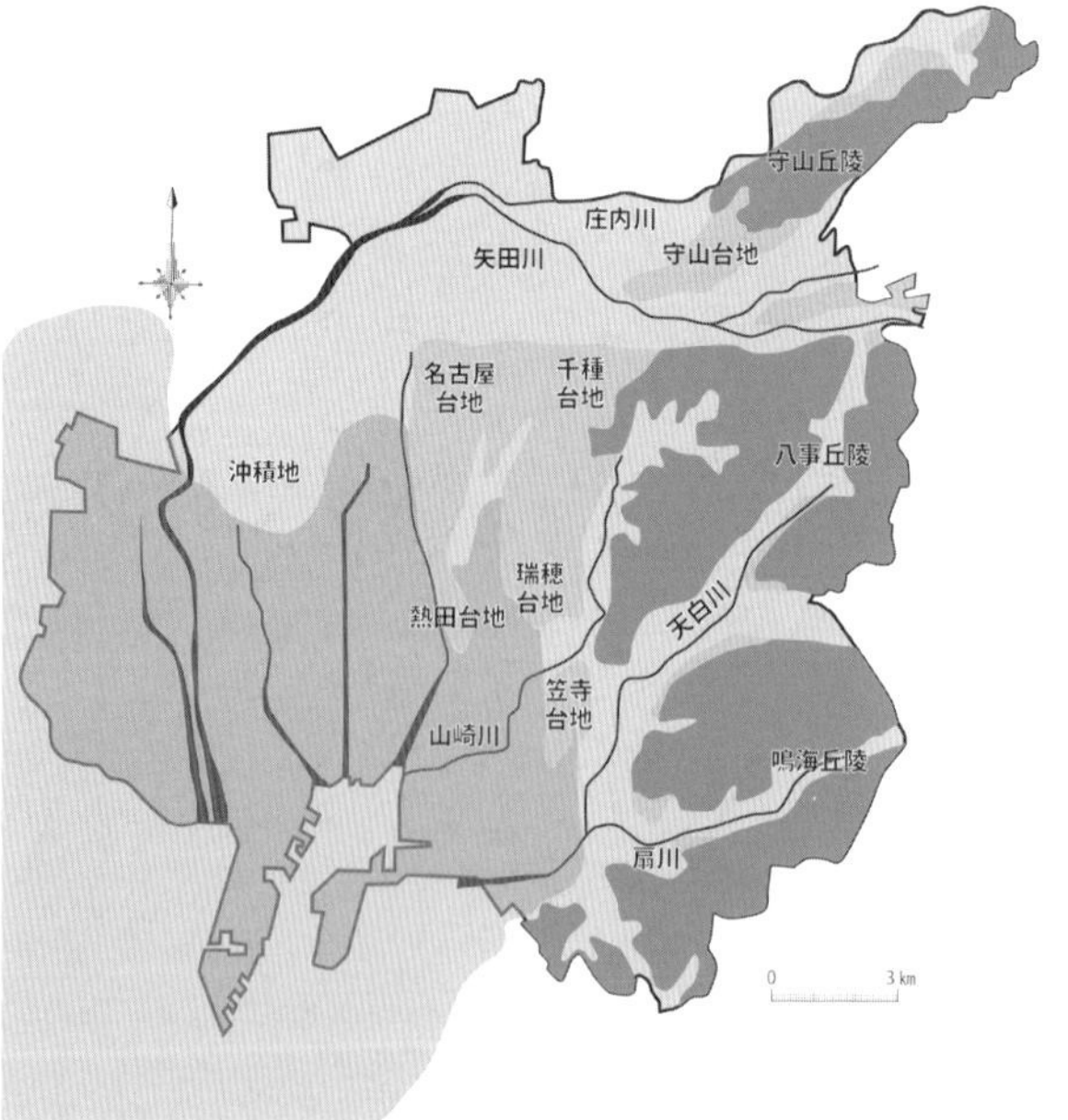

図1　名古屋市の地形

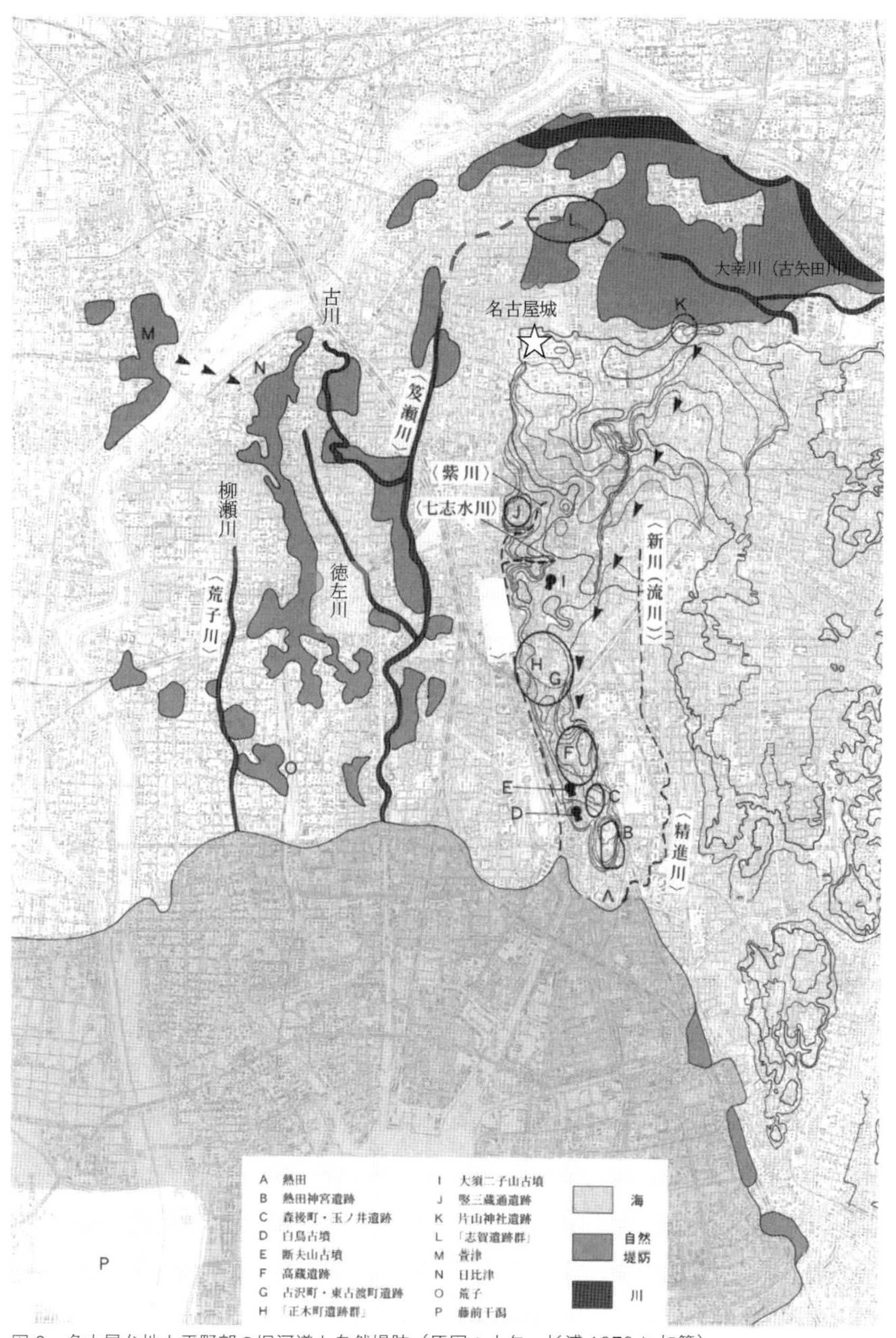

図２　名古屋台地と平野部の旧河道と自然堤防（原図：大矢・杉浦 1979 に加筆）

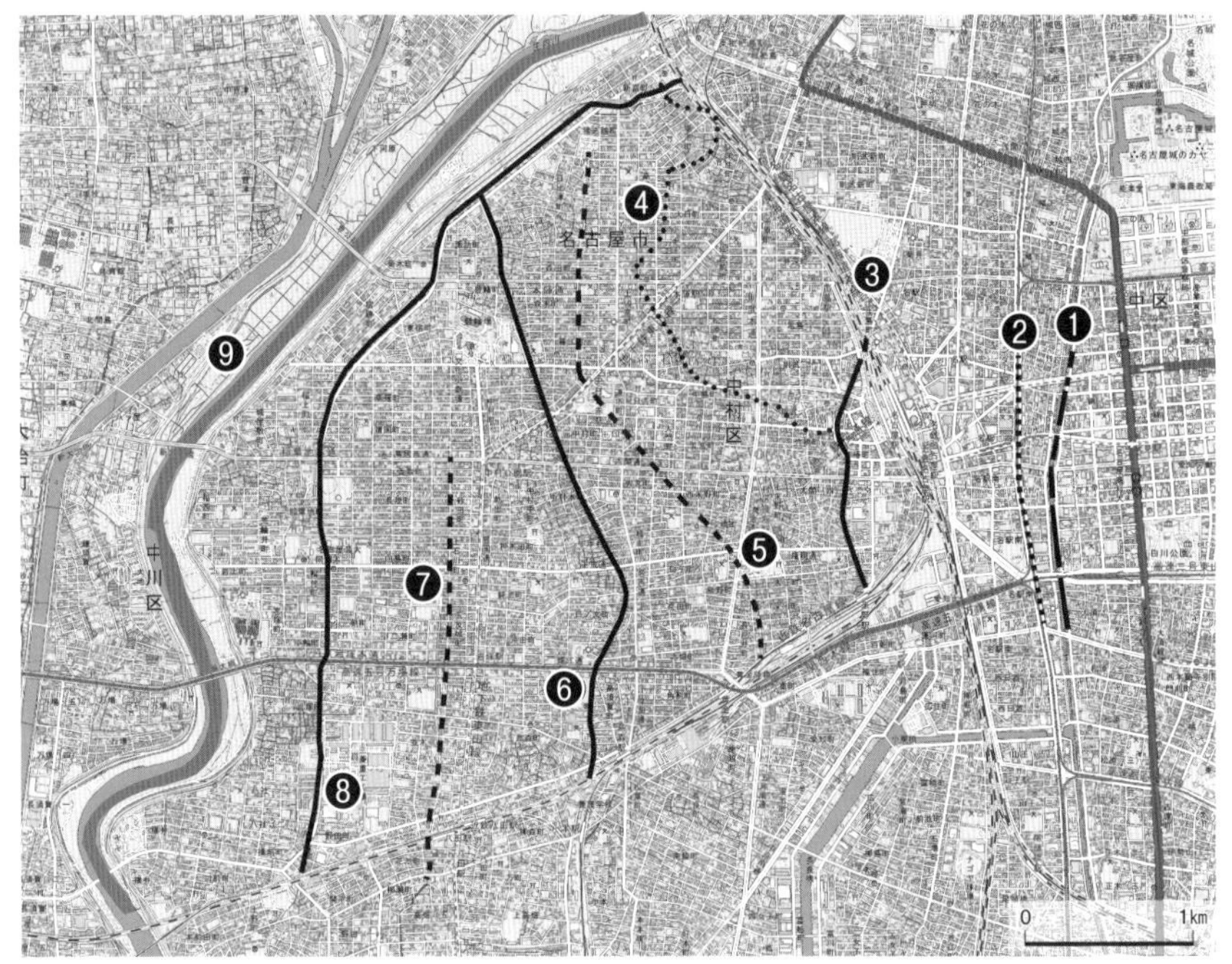

図3　中村区の川　1/2.5万　国土地理院電子地形図
❶堀川　❷東井筋／江川（庄内用水分流）　❸笈瀬川（悪水路〔自然流路〕）　❹古川（推定復元）〔悪水路〔自然河川〕〕　❺徳左川（推定復元）（悪水路〔自然河川〕）　❻中井筋／惣兵衛川（庄内用水分流）　❼柳瀬川／荒子川源流（悪水路〔自然河川〕）　❽西井筋／稲葉地川（庄内用水分流）　❾庄内川（自然河川）

る。この付近は、濃尾平野の最も東南にあたる一画で、今から約2000年前の弥生時代の頃は、まだ完全に陸地化していなかったと考えられる。想像を逞しくすれば、潮が満ちれば海となり、引けば干潟の広がる風景が望めたのではないだろうか。干潟には、陸からの川の流れがそそぎ澪筋となって海へと続いていたと思われる。弥生時代に続く古墳時代は、地球の寒冷化による海退が促進された時代と言われている。また、庄内川をはじめ河川に運ばれた土砂が自然堤防を延ばしていく。やがて干潟の澪筋は陸地の川へと変わっていき、今の中村区の風景が形づくられたと推測される。

　とはいえ、中世までは不安定な河川下流のデルタ地帯の一画であり、自然堤防など一部の微高地に集落が形成され、肥沃ながらも自然の洪水などの災害が繰り返される地域だっただろう。

　江戸時代に至り、庄内川左岸つまり名古屋側に高堤が築かれると、依然として洪水を恐れながらも、名古屋城下の穀倉地帯として変貌していく。その中で、かつて上流から土砂を運び、陸地化の一助を担っていた笈瀬川、つまり古代の「矢田川」下流域は、地域でも低い土地を流れる「排水路」（悪水路）の役割へと変わっていった。同時に、南北に細長く伸びた自然堤防上には、穀倉地帯へと水を運ぶ「用水路」が新しく導かれた。いわゆる、庄内用水の東・中・西の水路である。

庄内川

庄内川は、名古屋市域を流れる川の中では最大であり、源を岐阜県恵那郡山岡町夕立山（標高727ｍ）、全長96㎞に及ぶ一級河川である。川の名前は流域の各所で異なっていたようで、中村区内では主に「枇杷島川」・「万場川」と呼ばれていたようだ。庄内川という名前に統一されたのは、明治になってからであり、語源は西区のあたりにあったといわれる「山田荘」から名づけられたといわれ、荘内川と書くこともあった。

庄内川は、中村区の区界であり、かつ稲葉地町より上流は、他郡と画する市界ともなっている。『名古屋市遺跡分布図　中村区』をみると、区内の遺跡分布が区の西側、つまり庄内川左岸に偏っているのが一目瞭然である。一部、鳥森周辺にも遺跡の集中がみられ、鳥森一帯を庄内川分流がつくった自然堤防とみなせば頷ける。つまり、庄内川左岸の自然堤防上がいち早く人々の手によって開発されていったことがわかる。また、現在の中村公園の西側、東宿町・宿跡町と呼ばれる辺りは、中世鎌倉街道の要所であった「萱津渡（かやつわたし）」があった故地とされている。また、庄内川は天井川であり水運に適したかどうか疑義もあるものの、中流までは水運が盛んだった記録も残るようで、川沿いに人々の営みの跡が残ることと重なって、土地の歴史を考えさせられる。萱津の渡しは、後の江戸時代の天明4～7年（1784～1787）におこなわれた新川の開削により五条川の流れが直接庄内川に繋がらなくなったことで大きな変貌をとげ、今に至っている（図4、5）。

室町時代末まで、岩塚城・日比津城・稲葉地城などの城塞か築かれている

図4　旧「萱津湊」跡（五条川と新川の合流点を望む）

図5　庄内川左岸堤防の夕景（豊公橋東詰から）

図6　稲葉地城跡
（城屋敷神明社）

（図6）。うち、稲葉地城の城主は織田信光と伝えられる。孫三郎信光は、信長の父・信秀の弟であり、信長の叔父にあたる。信光はふつう守山城主として知られ、生涯の末年には那古野城主ともなった人物である。守山と稲葉地は直線距離では約10㎞以上離れている。ただ、守山城の北2㎞付近には庄内川が西流しており、両所の往来を仲介していたとの推測が可能だ。また、稲葉地は信秀・信定（信長の祖父）が本拠としていた勝幡城と那古野を結ぶ地点でもあることも注目される。

　室町時代末の戦国期の頃、庄内川と台地の間は自然堤防を中心に居住域が広がっていたと思われる。ただ、上流の現在の西区・北区の辺りと同様に、河川下流のデルタ地帯であり、破堤や洪水と闘う日常であったことも想像される。

　ところが、江戸時代に入ると少し状況が変化する。庄内川左岸の堤防は、江戸時代の始まりとともに尾張徳川家によってつくられたいわゆる「お囲い堤」であり、右岸の小田井側より丈夫でかつ厳重な管理がされていたという。

　名古屋には、俗に仕事を怠けることを「小田井人足」といった。これは左岸のお囲い堤を守るため、自分たち右岸の堤防を切ることを命ぜられた小田井の人々がわざと破堤を遅らせる様子を揶揄する言葉として生まれたという。川と共に生きる暮らしの中で、時に権力者の理不尽な圧政へささやかに抵抗する姿を後世に伝えている。

　庄内川沿岸の岩塚には、きねこさ祭りという祭礼が今も小正月にあたる旧暦1月17日におこなわれている。現在の七所社で執りおこなわれる祭であり、最もさきがけておこなわれる神事「川祭り」では、庄内川が重要な舞台の一つとなっている。川の中ほどに立てた笹竹に一人が上り、たわみ折れた方角によってその年の吉凶を占う神事である。

　きねこさ祭は、独特の神事の内容から、「尾張三大奇祭」の一つに数えられ、子孫繁栄・天下泰平・五穀豊穣を祈り、とくに厄除けへの霊験が信仰の対象となっている（七所神社ホームページより）。ユニークな祭の背景には、現在主神となっている伊勢や熱田の神々以前の土着の産土（うぶすな）神への信仰が見え隠れするともいわれている（いわゆる「社宮司神」や「石神」と表す「しゃぐじ」

神への信仰とする説がある。私見では、石神社の分布は海岸線と関係が深いと考えている）。

笈瀬川

　現在はまったく水面が見られない川であり、「笈瀬通」に名を留めるのみである。かつては「御伊勢川」と書かれ、文明元年（1469）に大神霊の白旗が流れたことにより名づけられたという。その後江戸時代のはじめ元和年間（1616～1623）に伊勢神宮の大麻（神札）と木馬一体が降りたため、藩祖義直がこの地に神明社（伊勢神）を勧進している（『中村区史』）。

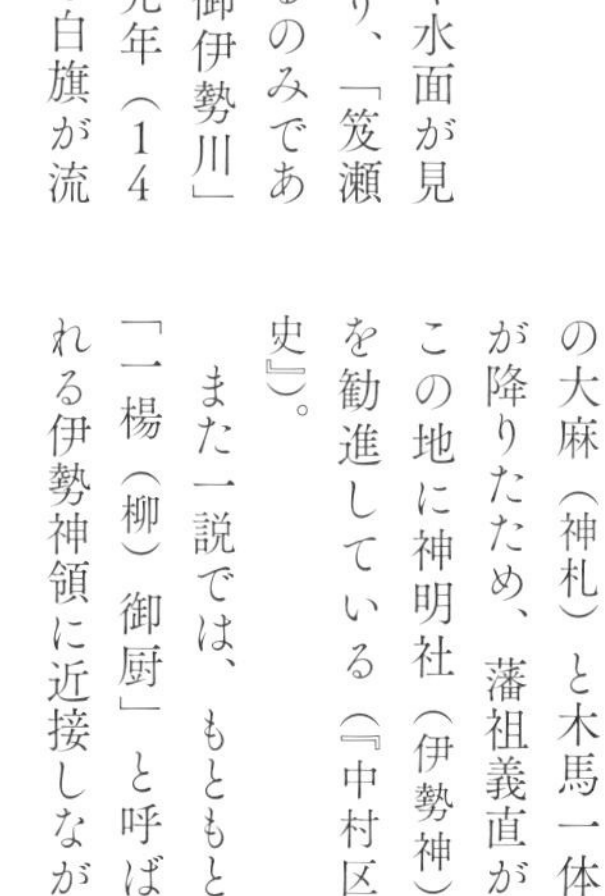

図７　鉄道高架下の暗渠部（中村区内笈瀬川の起点）

図８　椿神社横の道路（笈瀬川旧河道）

　また一説では、もともと「一楊（柳）御厨」と呼ばれる伊勢神領に近接しながら神明社がなかった流域に、伊勢信仰が新たに定着したために名づけられたともいわれている（横地清『中村区歴史夜話』）。

　川の源流は現在の西区名塚辺りの悪水とされ、自然流路をさらに掘り込んだ低地部の排水路として利用されてきた。また、現在の中村区北西部一帯（亀島から栄生・塩池付近）からも、一流が注ぎ込み「古川」の名が残されている。これは、おそらく、寛永年間（1624～43）におこなわれた改修工事「新規堀」に対しての名称と考えられる。この改修部分は、「則武川」の別名が示すように、現在の西区菊井・則武新町付近から牛島町そして中村区則武に至る直線的な旧河道にあたるものと推測している。江戸時代中期までは、押切村で江川と接続しており水量も多く、大明4年（1784）に江川に流入していた大幸川が切り離され水量が減少し、その後江川からも切り離されることになり完全に排水路の役割を果たすだけになった。やがて市街地化の進行とともに、江川などとともに大正から昭和の初めにかけて下水整備の中で暗渠化していく。

　近年になってこの笈瀬川筋近辺から、名古屋城築城の際に残置されたと考えられる石材がみつかっている（高田祐吉『名古屋城石垣の刻印』など）。とくに中川区小栗橋周辺での発見が多く、この辺りまで川から陸揚げし築城に使ったのではないかといわれている。少なくとも江戸時代はじめ頃は水運にも利用されていた証と思われる。

笈瀬川の源流は先述したように、西区名塚あたりとされる。しかし、江戸時代以前の笈瀬川の上流部は、実は、江戸時代に「大幸川（だいこうがわ）」と呼ばれた、現在の北区の低地部を西へ流れていた川だったのではないか。

さらにその源流は、現在の矢田川に求められ、庄内川とともに現在の北区低地部をデルタ化していた自然流路の一つの主筋と考えられる。下流部は、中世以前は洪水が頻発する水郷地帯であり、もともと弥生時代は遠浅の干潟の中に伸びた澪筋（みおすじ）であったと考えている。

笈瀬川はもともと「矢田川」と呼ばれた川の下流域と推定され、実は古代の尾張南部にとって、内陸部と熱田の海を結ぶ、重要な内水路であり、集落や古窯などの生産地そして古墳群の形成などに、大きな役割を果たしてきたと考えている。しかしながら中世以降、埋没の進行などから、徐々に内水路としての役割を失っていき、江戸時代に至って大きく姿を変えられた川だと思われる。そのことは、現在の中村区を穀倉地帯としていった、尾張徳川家の治水政策が背景にあるのではないだろうか。

他の自然河川

笈瀬川と同じく「悪水」つまり排水路として機能していた川として、「柳瀬川」と「徳左川」があげられる。前者は、中川区へと続く荒子川の上流部であり、流域にあたる烏森町四丁目一帯は、主に中世からの集落域として遺跡が点在している。

一方、徳左川は、日比津付近から南東への流れであったようで、笈瀬川の下流域である中川にそそいでいたようだ。宝暦年間（1751～63）に私財を投じて水はけを改良したという安井徳左衛門にちなんで名づけられたと伝えられる。

こうした自然河川＝悪水路は、前述したように、土地の低い部分を流れており、やがて近代に入ると都市下水として暗渠化されていった。

自然堤防上を利用した用水路

低きを求めて集まった自然河川とは異なり、人工河川である用水路は、もとも

図9　庄内用水中井筋

図10　庄内用水中井筋のひょうたん型水飲み場

と庄内川などにより形成された自然堤防上を利用して、灌漑用の水をいきわたらせていた。現代まで名が残る庄内用水は、東井筋（江川・辻井筋）、中井筋、西井筋（惣兵衛川・稲葉地川など）に分流されていた。これらの用水も、現在では水面を失い、多くは遊歩道の一部として区民の生活道路となっている（図9、10）。

堀川

中村区の川というイメージはどちらかといえば少ない。もともとは、慶長15年（1610）頃、名古屋城築城と並行して開削された人工河川であり、奉行を務めた福島左衛門大夫正則の功績を尊び、「太夫堀／たゆうぼり」と呼ばれたことは広く知られるところである。

中橋から岩井橋までの約1・5㎞の右岸（西側）が、中村区にあたる。

堀川は、すでに多くの研究や著作やガイドなどがあるように、名古屋市街地では最も重要な河川の一つであり、今も水面を残す川らしい川である。そして、市民の都市生活にとってさらに大きな価値が認められようとしている。

まとめ

古墳時代以降は地球全体がやや寒冷な気候に向かい、海岸線が後退していったといわれている。中村区の川は、台地の西側に広がっていた入り江に多量の土砂を運び、新しい肥沃な土地を生み出した。そして、古代・中世には、自然堤防を発達させ、集落形成の基盤を作り出した。

江戸時代になって、庄内川左岸（東側）に堤防が築かれると、おそらくたびたびの庄内川の氾濫を怖れながらも、城下近郊の穀倉地帯として機能していったと思われる。その中で、自然河川は「悪水」として排水機能に特化されるようになり、自然堤防上の微高地に「用水」が整備され、現在の中村区の川が出そろうことになる。

その後やがて近代を迎えると、農地の市街地化とともに、悪水は雨水排水路や下水路として地下に姿を消すことになり、区画整理事業は一部を残してその地上の痕跡も消し去っている。用水についても農地を潤す役割がなくなるし、暗渠化し、生活道路の一部として新たな役割を果たしている。

中村区は新たに生み出された大地であり、かつ街並みにどこか懐かしさを感じさせる風景が残されている稀有な地域といえる。そして、その風景の中に今も川は確かに存在し流れているのである。

3　観光名所今昔

都市の中のオアシス

文…加美秀樹

江戸以前は農村地帯であった現在の中村区の地域は、明治以降の〝まち〟の発展に伴う交通網の整備と共に、物見遊山を楽しむための観光名所が各所に整備された。それらの中から、特色を持って造られた都市の中のオアシスともいえる名所を幾つか紹介してみたい。

中村公園

この地域の名を冠した中村公園は、明治18年（1885）に愛知県令・国貞廉平と地元有志らが設立した豊太閤遺跡保存会により、地域の英傑である豊臣秀吉を祀る豊国神社を創建したことに始まる。明治34年（1901）には境内に秀吉の馬印をかたどった瓢箪池と藤棚が整備され、ここに中村公園が誕生した。大正6年（1919）には大規模な公園の改修がなされ、それを手がけたのは造園の大家で〝公園の父〟と呼ばれた帝国大学農科大学出身の本多静六である。大正10年（1921）には名古屋市に編入され、以来今日まで市民の憩いの場として親しまれている（図1）。

面積6・27haと区内でも有数の規模を誇る公園内は、緑に囲まれた豊国神社と八幡社を中心に、散策を楽しみながら見学・利用できる史蹟や施設も多くある。

明治43年（1910）、中村出身で戦国武将・大名の加藤清正没後300年を記念して、玄関に唐破風を備えた木造瓦葺き書院造の「中村公園記念館」が建てられ、同年この地を訪れた皇太子（後の大正天皇）の迎賓館として使われた（図2）。皇太子行啓に因んだモニュメントとしては、大正天皇御手植之松及び漢詩碑が公園内に残る。

茶の湯を愛した秀吉を偲ぶ意味からか、明治前期に祖父江の素封家・渡辺家の邸内に建てられた、表千家家元・碌々斎好みの茶室「松林庵」を1957年に移築した「豊頌軒」（図3）、1

図1　大正末ごろの中村公園内（『名古屋名所』大正15年）高橋敬子氏所蔵

図2　中村公園記念館

図3　豊頌軒

989年築の茶席「桐蔭」のふたつの茶室が備わる。

公園内には、豊公誕生之地碑や小出秀政邸及び木下長嘯子（ちょうちょうし）邸跡の史跡、池泉回遊式庭園の様相を呈する瓢箪池に連なる関白池と太閤池、蓮池と日吉池があり、珍しいものでは戦前にラジオ普及を目的として設置され、今では全国的にも希少となっているラジオ塔が残っている（図4）。

1983年設置の石黒鏘二、品川譲ら造形作家による秀吉幼少期をかたどった群像「日吉丸となかまたち」（図5）と、2017年に完成した中村出身とされる歌舞伎の大名跡を讃える「初代中村勘三郎生誕像」（本書120ページ）のふたつの彫像は、地元が誇る偉人の足跡と文化の息吹を今に伝えている。

図5　日吉丸となかまたち

図4　ラジオ塔

以前は桜やつつじを植栽した花屋敷、後に旧秀吉清正記念館が建てられた公園の一角に、現在は劇場、図書館、博物館を併設する中村公園文化プラザがあり、2階の名古屋市博物館分館となる秀吉清正記念館では、絵画、工芸、文書、映像などで秀吉・清正をはじめとする戦国武将をわかりやすく紹介している。

図6　敷設工事中の中村線
名古屋都市センター所蔵

昔は公園北側に蓮田が広がり、昭和前期の公園拡張に伴う埋め立て跡地は競技場となるが、戦時中は建物疎開で取り壊された家屋の廃材置場と化し、戦後は戦災復興資金確保を目的とした競輪場が開設されて現在に至る。

かつては太閤通の大鳥居下を潜って中村公園前まで、豊国神社の参道を中村電気軌道の路面電車（図6）が走っていたが、この区間（稲葉地～公園前）（図7）はその後名古屋市への移管を機

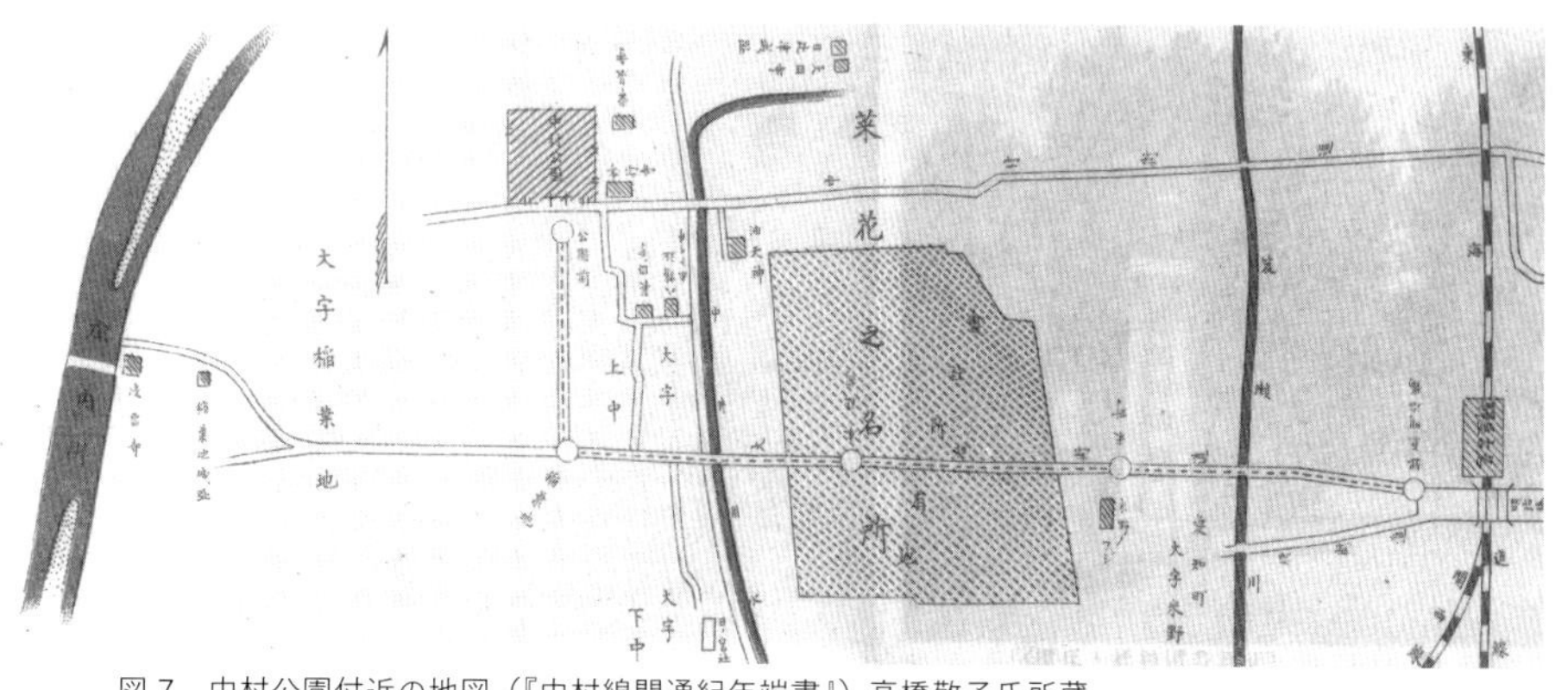

図７　中村公園付近の地図（『中村線開通紀年端書』）高橋敬子氏所蔵

に廃線となり、現在は中村参道緑道として整備されている。毎月９のつく日には60余年続く朝市「豊国参道九の市」が開催されるが、野菜果物、生花、鮮魚、雑貨などの多彩な店が立ち並び、多くの買い物客で賑わいをみせている。

和風の豊かな自然空間と充実した文化施設を備える中村公園は、ゆっくりと散策の楽しめる都市型公園の典型といえよう。

名古屋花壇

かつて中村遊廓のあった大門地区の南側、太閤通を挟んだ場所に、名古屋花壇、別名中村温泉パラダイスなる遊園行楽施設が存在した。以前は菜花の名所として知られたこの地域（図７）に、中村電気軌道を開通し中村遊廓を誘致した名古屋土地の建設によるいわゆる現在のアミューズメント・パークで、東京の浅草や多摩川、大阪の新世界、兵庫の宝塚に比類する施設を目指し、昭和３年（１９２８）に華々しく開園した（図８、９）。

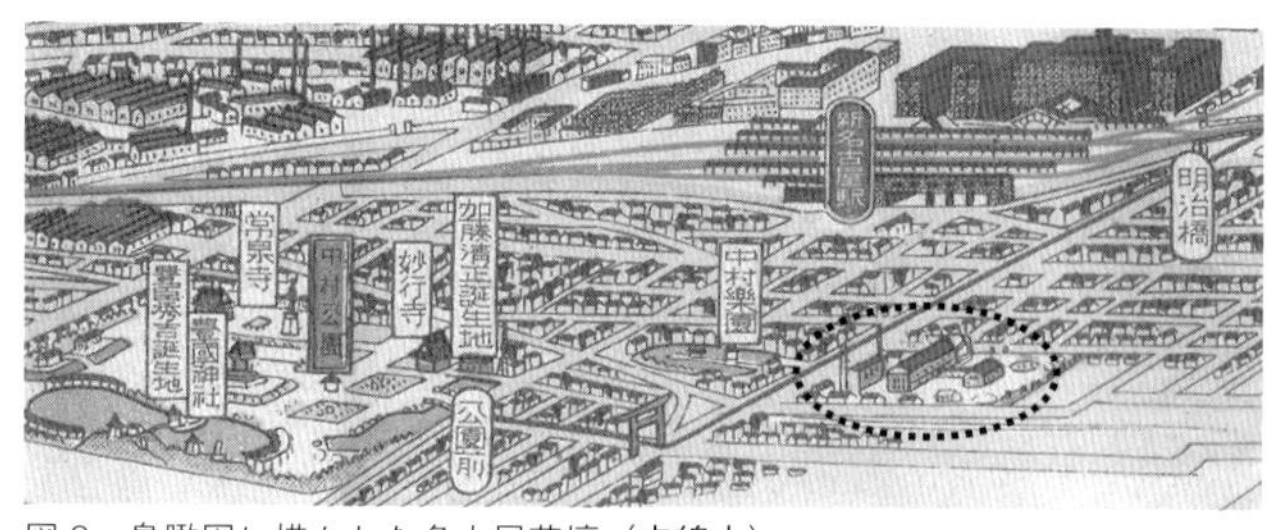

図８　鳥瞰図に描かれた名古屋花壇（点線内）
（吉田初三郎『名古屋市鳥瞰図』昭和 11 年）

図９　名古屋花壇　高橋敬子氏所蔵

１・２haの敷地内には、屋

内施設として映画館、演芸場、屋内運動場、銭湯・ラジウム温泉の入浴施設、大食堂の他、ピンポン室、理髪室、美容室、休憩所など、屋外施設ではメリーゴーラウンド、シーソー、ブランコ、滑り台などの各種遊具、動物園、花壇、大噴水、瓢箪池、別棟に料亭「香露閣」を設置し、〝家庭的歓楽郷〟を謳って家族が終日楽しめる施設を展開した。

図10　中村郵便局

施設のランドマークとして当初、東洋一の規模を誇る高さ75mの鉄塔建設が計画されたが、資材調達が出来ず実現には至らなかったという。東洋一といえば、昭和12年（1937）竣工の3代目名古屋駅舎（口絵参照）を思い浮かべるが、アジアの指導者を標榜する戦前の日本にとって、東洋一の名目は自国を広く世界へと宣伝するための恰好の材料だったといえよう。

開園翌年の昭和4年（1929）に世界大恐慌が巻き起こると、日本もその煽りを受けて不況が続き、やがて名古屋花壇も廃園となる。その後、昭和12年（1937）に西区から分離して中村区が発足すると、中村花壇の建物を改装し仮庁舎として活用したが、区役所はその翌年に新築した庁舎へと移転し、同地に開設した中村郵便局と中村電話局へと建て替えられた。

名古屋花壇のあった跡地には、現在も中村郵便局と西日本電信電話NTT中村ビルが建っているが（図10）、かつての痕跡が何ひとつ見受けられないのは、何とも寂しい限りである。

遊里ヶ池

現在、名古屋第一赤十字病院の建つ敷地内には、大正末から昭和初めにかけて遊里ヶ池という市民の憩いの場があった。幕末期に大須に出来た旭廓が、紆余曲折を経て中村の地に移転することとなり、名古屋土地と旭廓土地が売買契約した3万1620坪（10万4346㎡）の遊廓開設地を整地するため、大正9年（1923）より西側に隣接する土地から土砂を採取し、その跡地に整備されたのが庄内川から引かれた農業用水の徳左川を水源とする、広さ2・6haの遊里ヶ池である（図11）。

遊里ヶ池の護岸は石垣積みで、池畔には柳並木が植栽され、池の南側から中心部に向けて築いた突堤の先端を弁天島、その東側には中之島が浮かんでいた。弁天島には、琵琶湖の竹生島から勧進した弁才天を祀る弁天寺を建立し、弁財天以外にも大日如来、不動明王、地蔵菩薩、稲荷神を合祀したと伝わる。

遊里ヶ池に弁才天が祀られたのは、中村遊廓の娼妓の投身自殺や病死した娼妓の死体遺棄が絶えになかったことに起因し、その慰霊と自殺防止が目的といわれる。娼妓の死にまつわる暗い逸話ではあるが、芸事や博打にご利益のある女神としても崇敬をあつめたであろうことは想像に難くない。

池ではボート遊びや魚釣りが楽しめたほか、毎月18日の弁財天の命日には花火大会が催され、夏には蛍狩りなどの行事もあって、池の隣では行楽客を目当てに料理屋も店を構えた。遊廓で遊ぶ男性客ばかりでなく女性や子どもら市民をはじめ、県外からも人が集い気軽に遊べる行楽地として親しまれた遊里ヶ池だったが、日本赤十字社愛知県支部名古屋病院の建設用地に決まり、昭和10年（1935）には埋め立てられた。弁才天の祀られていた弁天寺は、その後すぐ北側の藤森町に移転したが、弁才天の分身は現在も名古屋第一赤十字病院敷地内の新西病棟隣にある弁天堂に祀られている(図12)。

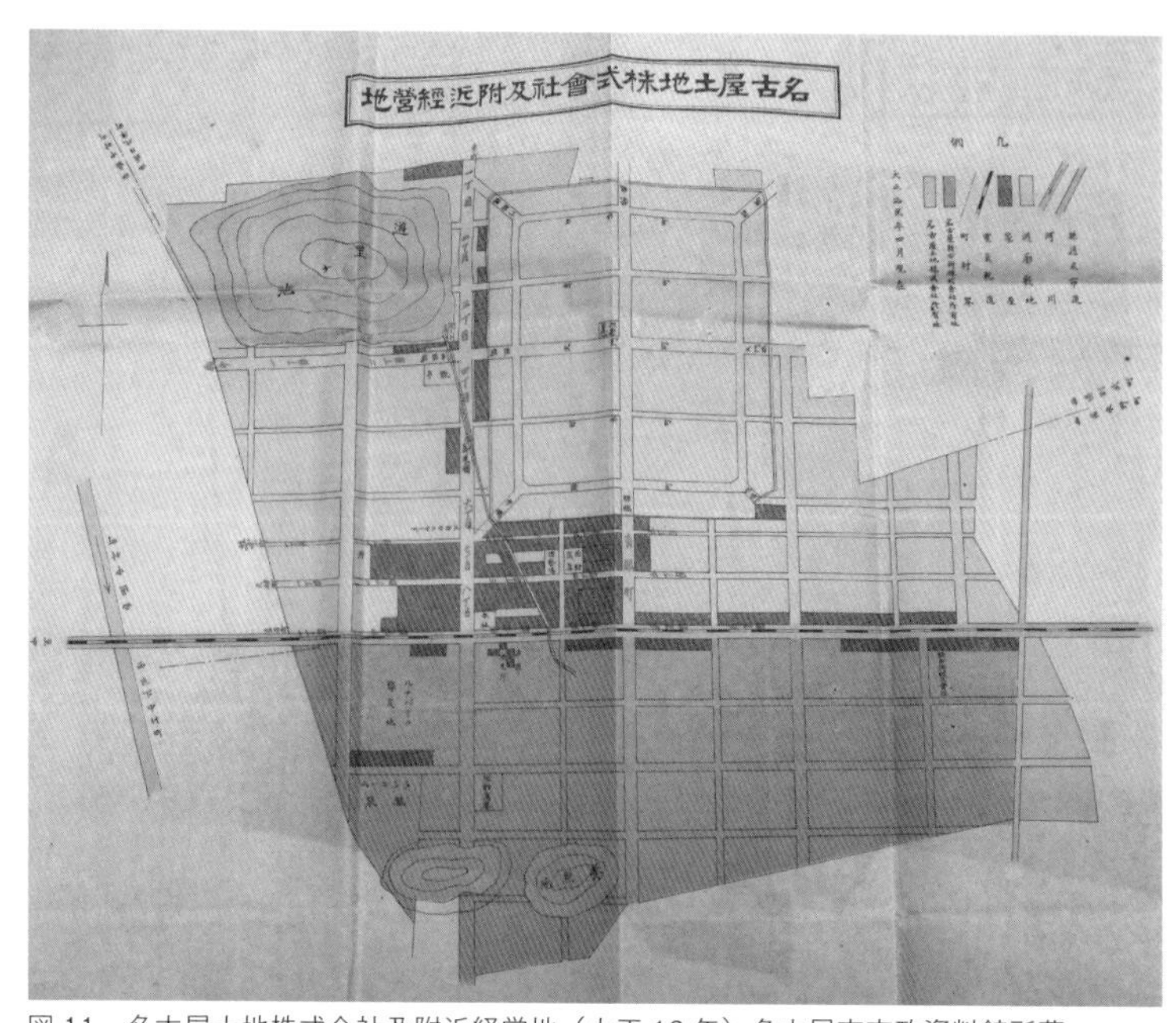

図11　名古屋土地株式会社及附近経営地（大正12年）名古屋市市政資料館所蔵

図12　遊里ヶ池跡に建つ弁才天を祀った祠

横井山緑地

中村区南西部の庄内川左岸、川筋が大きく湾曲して突出した内側に位置する横井山緑地は、川の流れによって運ばれた砂の堆積による河畔砂丘を整備し、1980年に開園した面積4・08haの緑地公園である（図13）。古の姿を今に伝える老松の林をはじめ、緑地の名に違わぬ緑豊かな木々に溢れ、春はソメイヨシノ、夏はサルスベリ、秋は紅葉、冬は中村区の花でもある水仙6万株が開花する花の名所でもある。

図13　横井山緑地園入口

　かつては春秋の遠足や夏のキャンプで賑わいをみせ、市内西部随一の景勝地として親しまれたことから、名古屋市は公園予定地として考えていたが、戦時中には砂丘の芝生が耕作地に転用されたりして、計画は長らく実現されなかった。

図14　横井山緑地園内

　緑地内には現在、1周650mの健康散策園路（図14）、富士山型滑り台のある多目的広場、周囲に花壇を配した噴水広場、テニスコート、ミニグラウンドが整備されており、鬱蒼と繁る老松の巨木が林立する南側、堤防沿いの林の中には弘法堂がひっそりと佇んでいる。

『尾張國愛知郡誌』には「高さ4間、南北3町、幅1町。山上には大日堂及び加藤清正を祀る社あり。老松所々に散立し風景雅佳なり、春夏の候雅客の杖を曳くもの多し」と記され、「加藤清正名古屋城に植えし松苗の剰余を植えたるもの」との註釈が見られる。

　昭和11年（1936）、山田清一少年が、庄内川で遊泳中に溺れかかった2人の友達を救って、不幸にも命を落とすという水難事故が起こった。清一君の遺徳を偲び、翌昭和12年（1937）には全市の学童、職員及び学区民の醵金による「嗚呼清一少年」顕彰碑が建てられた（図15）。当初は河原の堤防脇に据えられていた石碑だが、現在は緑地内へと移設されている。

図15　「嗚呼清一少年」顕彰碑

　庄内川の川風そよぐ起伏に富んだ地形の横井山緑地は、自然に彩られた風光明媚な景勝地の面影を今に伝えている。

4 戦前建築今昔

戦火を生き延びた建物たち

文…加美秀樹

昭和から平成にかけてのバブル経済期、旧い建物の持つ価値が軽視され多くの貴重な建物が取り壊されたが、名古屋市内においても戦火をかい潜って生き延びた戦前の建築物がこの時期に多数失われ、以降平成の30年間にさらにその数を減らし続けてきた。そのような状況の中、今なお中村区内に残る戦前の建築物の幾つかを見てみたい。

中村公園大鳥居

太閤通りと鳥居通りの交差点から中村公園にいたる豊国神社参道の入口に、赤い大鳥居がそびえ立っている（図1、2）。大正10年（1921）に名古屋市が市域を拡大し、愛知郡中村から名古屋市へと編入された記念事業として中村村民から寄付を募り、昭和4年（1929）に大林組の施工で完成した豊国神社第一の鳥居である。

鉄筋コンクリート造りによるこの大鳥居の大きさは、高さ24m、幅34mで、その高さは前年の昭和3年（1928）に建造された平安神宮大鳥居と同寸とされ、当時は日本一の高さを誇った。周りに高い建物のなかったその時代に、遠方からも姿が望めた大鳥居は、さぞや人々を驚かせたに違いないが、築90年を経てビルに囲まれた現在もなお、その威容と衝撃度にはいささかの衰えも感じられない。

図1　大鳥居から中村公園を望む（昭和初期）
名古屋都市センター所蔵

図2　現在の中村公園大鳥居

稲葉地配水塔
（名古屋市演劇練習館）

太閤通りから稲葉地公園を眺めると、ひときわ白く輝く円筒形の建物が目に飛び込んでくる。これが現在は名古屋市演劇練習館（通称アクテノン）として活用されている、かつての稲葉地配水塔である（図3、4）。

鉄筋コンクリート造り地上5階地下1階建て、高さ31m、直径33mの配水塔は、名古屋市水道部の成瀬薫によって設計され、中村区が新設された昭和12年（1937）に竣工した。当初計画では塔上貯水槽を590㎥としたが、その後の水道使用量増量を想定して400㎥へと設計変更し、その補強を目的とした直径1・5mの円筒支柱16本を周りに配して現在の姿となった。

庄内川を挟んで西側に大治浄水場が整備されると、昭和19年（1944）には配水塔としての機能を終えて長らく手付かずのままだったが、1965年には改修されて名古屋市中村図書館として第二の人生を歩むこととなる。1991年に中村公園文化プラザに図書館が移設された後は再度建物の活用が模索されたが、1995年には大改修を経て演劇その他の舞台芸術のための練習場として生まれかわった。ギリシャ・ローマ風古典建築を思わせるこの美しい建物は、1989年に名古屋市都市景観条例に基づく都市重要建築物の第1号に指定され、2014年には土木学会による土木学会選奨土木遺産に認定されている。

図3　稲葉地配水塔全景
（『名古屋市上下水道事業報告』昭和13年）

図4　名古屋市演劇練習館アクテノン

日本赤十字社愛知支部名古屋病院（名古屋第一赤十字病院）

図5　玄関

中村大門地区のすぐ西側に、近代的な設備による大規模な名古屋第一赤十字病院が建っている。かつてこの場所は中村遊廓整備のために土地が掘られ、跡地には遊里ヶ池が造成されて市民の憩いの場として賑わったが、日本赤十字社愛知支部名古屋病院の建設に際し、庄内川の川底を下げるために浚えた砂をトロッコで運

図6　旧本館の顔でもあった玄関の車寄せ部分

搬して池は埋め立てられた。

昭和12年（1937）に竣工した病院本館棟は、愛知県営繕課設計、志水組施工による鉄骨鉄筋コンクリート造り地上3階地下1階建てで、隅切りとした玄関にはアール・デコ調の車寄せを配し、病棟中央部には円筒形に張り出した階段塔を設けるなど、全体を水平基調とした表現主義的なデザインの傾向が見られる（図5、6）。当初はベッド100床で開設したが、後に増築を重ねて規模を拡大した。戦時中には名古屋陸軍病院や横須賀海軍病院として戦傷病者を収容し、1954年には八事の名古屋第二赤十字病院開設に伴い現在の名称に変更となった。

2003年から10年にかけて、建物老朽化と複雑に入り組んだ院内整理を目的に全面建て替えがおこなわれ、旧本館及び病棟は取り壊されたが、新本館の建物は旧本館のデザインを模した隅切りとし、旧本館の顔でもあった玄関の車寄せ部分は、古の記憶を現在へと伝えるモニュメントとして竣工当時の場所に保存されている。

中村遊廓建築群

大正12年（1923）に大須の旭廓が中村の地へと移転し、日本でも最大規模の中村遊廓が開業した（図7）。当時の中村遊廓の建物は木造瓦葺2階建て、1

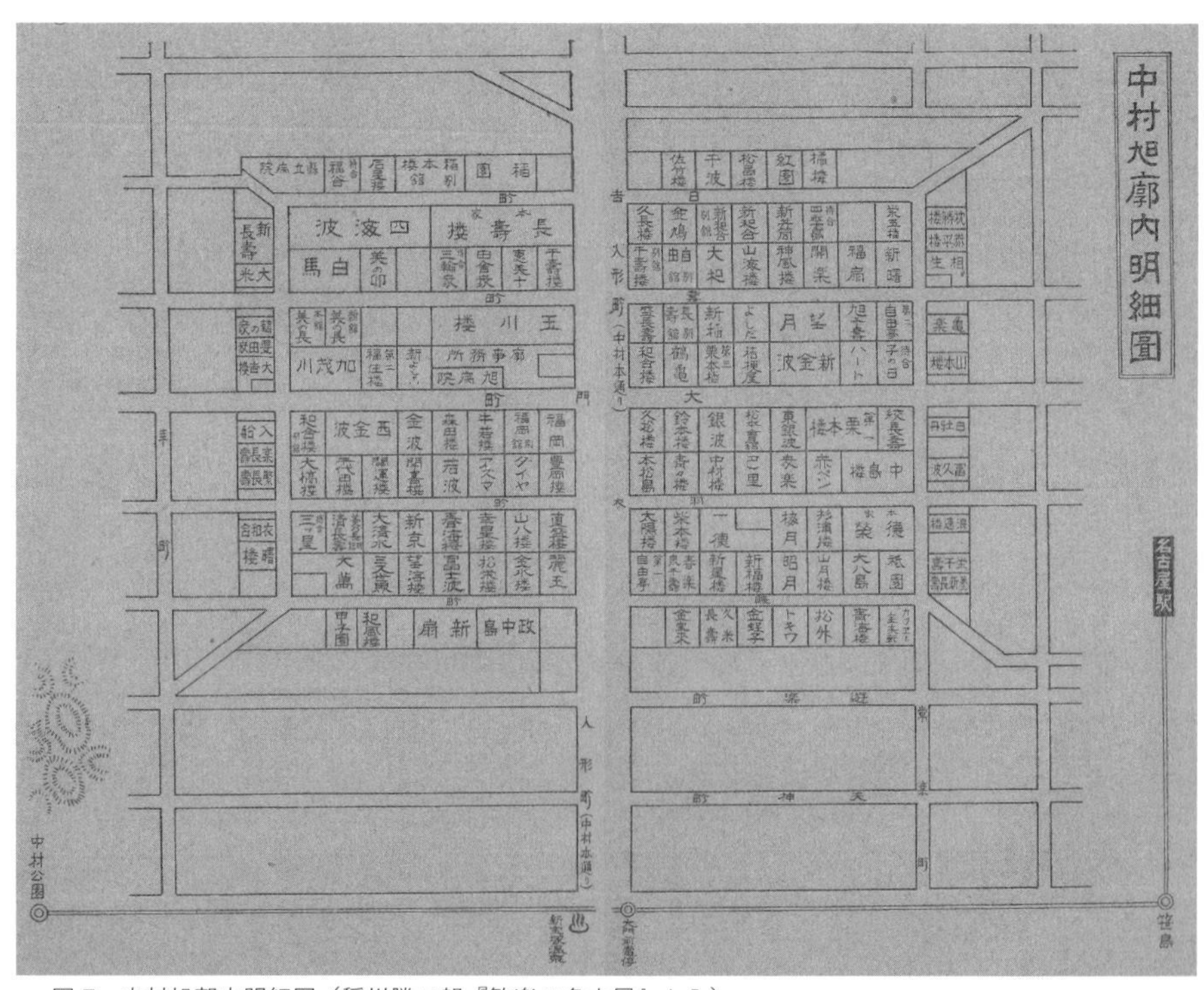

図7　中村旭郭内明細図（稲川勝二郎『歓楽の名古屋』から）

00坪の敷地に中庭が付くのが平均的な造りだったが、中には200坪や400坪の敷地に大きく豪奢に構えた遊廓建築もあった。間もなく築100年を迎えようとする中村遊廓建築群の現状はどうだろうか。

最盛期といわれた昭和12年（1937）の中村遊廓街区店舗地図によれば、廓事務所と旭病院を除き屋号の記された建物が143件、無記名の建物は24件ある。2019年6月現在、戦前から残る遊廓建築は1割ほどしかなく、昭和12年当時の屋号を借りれば、日吉町では本家長寿楼、寿町では鶴の家、恵美十、大門町では和合楼別館、西金波、森田楼、牛若楼、福岡別館、桔梗屋、松本会館、新金波、羽衣町では若波、中村楼、一徳、中島楼がわずかに現存しているに過ぎない（口絵など参照）。

図8　中村映劇

2018年中には、中村遊廓を代表する日吉町の稲本楼別館をはじめ、大門町の東銀波、羽衣町の春海楼、賑町の新福楼などが取り壊され、現在は空き家と思しき鶴の家や新金波の今後の動向が気懸かりでならない。

遊廓街区の近くでは、劇場映画館の旭座（中村映劇、図8）が健在だが、銭湯の寿湯は残念ながら2019年初頭に姿を消してしまった。

洋室附帯文化住宅

名楽町、元中村町、中島町など中村遊廓の周辺にあたる地域に、大正末期から昭和前期に建てられた洋室付きの、いわゆる文化住宅が点在している（図9）。これは戦前に流行した和風住宅の玄関脇に洋室の応接間を備えた形の家屋で、戸建て以外にも長屋の各家に洋室を備えたものも見られる。

名古屋市内では、昭和区及び瑞穂区に比較的数多く見受けられるが、中村区に文化住宅が多く建てられたのは、当時の中村に広大な土地を取得していた名古屋土地株式会社が、積極的に住宅地開発を手がけたためだと思われる。大正デモクラシーの影響で、一般大衆庶民にも文化的で自由な洋風生活が受け入れられた頃の名残が、ここ中村の住宅街の片隅に今もひっそりと息づいている。

図9　洋室附帯文化住宅

5　商店街今昔

昭和の面影を求めて

文…加美秀樹

1964年に公開された高峰秀子、加山雄三主演、成瀬巳喜男監督による東宝映画「乱れる」には、静岡県清水市（現静岡市）の商店街がスーパーマーケットの新たな進出で大打撃を受け、行き詰った商店主が自殺する場面が描かれる。これは戦後20年で商店街の存亡が問題視された例だが、昨今のデパートや大型ショッピングモールの展開を見る限り、街の商店街の危機はさらに加速しているように思える。

中村区に目を移すと、広小路名駅、西柳錦商、新大門、広小路西通一丁目、笈瀬本通、名古屋駅西銀座の各商店街が賑わいを見せる一方で、忘れ去られた商店街も幾つかある。戦後の名古屋タイムズに掲載された商店街地図を手に、かつての商店街を歩きながら昔ながらの店舗の現存の有無を調べてみた（2018年12月）。

清正公通り発展会

名古屋駅と中村公園を結ぶ清正公通り、鳥居通りから中村公園前までの間にあった清正公通発展会（1954年10月31日付）（図2）から、春日井日用品店（化粧品のかすがい）、ほていや呉服店、吉田雑穀店（吉田種苗店）、金澤屋みそたまり（金沢屋酒店）、植木屋の植木たくさんあり（豊

図1　現在の清正公通り。左端は吉田種苗店

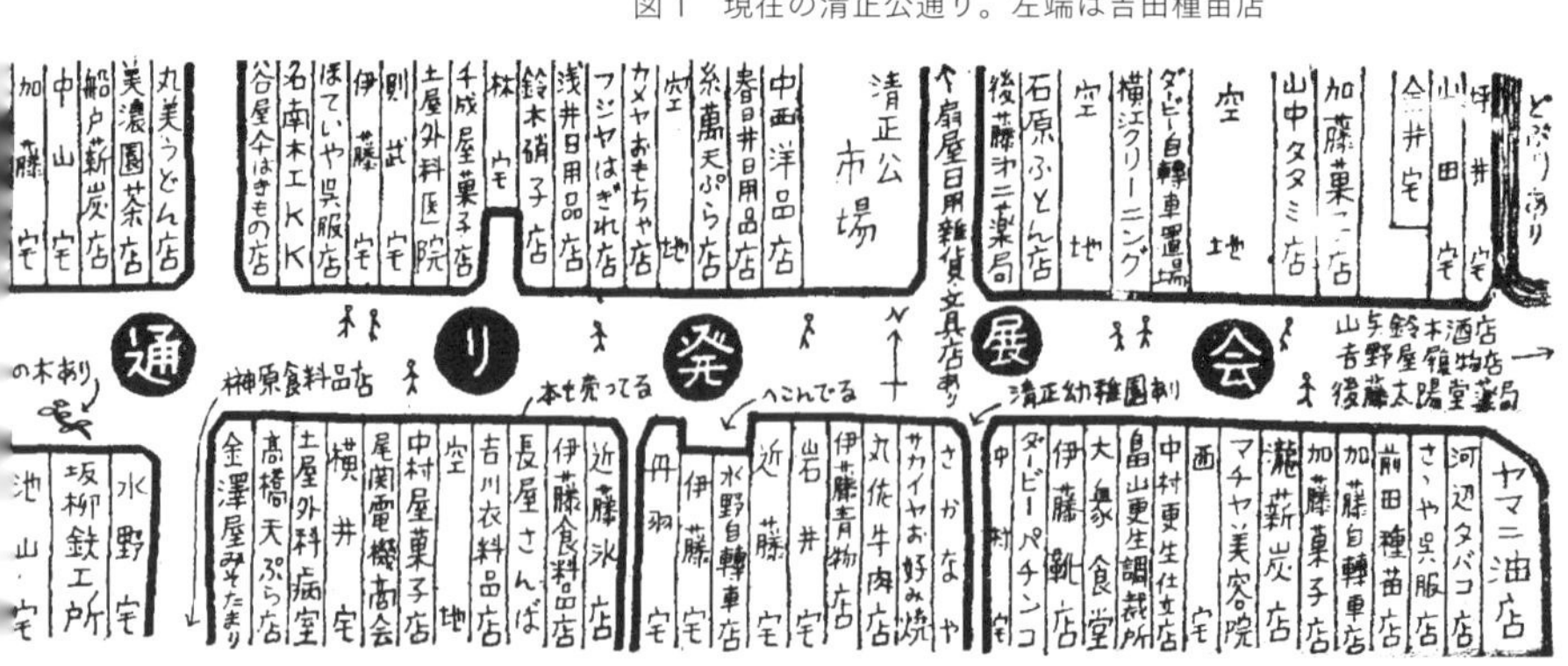

図2　「名古屋タイムズ」1954年10月31日　名古屋タイムズアーカイブス委員会提供

花園）、清正湯、万與ふとん店（ふとんの万与）が営業を続けている。

栄生発展会

名鉄栄生駅から鳥居通りと則武本通り（環状線）の分岐点までの間にあった栄生発展会（1954年11月21日付）（図3）からは、梅花堂菓子店（梅花堂キャンデーストアー）の1件が残るのみだった。

ショッピング新名古屋センター

栄生から名古屋駅にかけての新幹線高架下には、1963年オープンのショッピング新名古屋センターという名称のビルを含めた商店街があり、地図（1966年9月25日付）では北から順に栄生街13店、本陣街16店、浮島街15店、清正公街35店が軒を連ねていたが、昭和55年にはその機能を終えて、

図3　「名古屋タイムズ」1954年11月21日
名古屋タイムズアーカイブス委員会提供

図4　手前が梅花堂キャンデーストアー

図5　現在の新幹線高架下。貸し会議室や配送センターとして活用されている

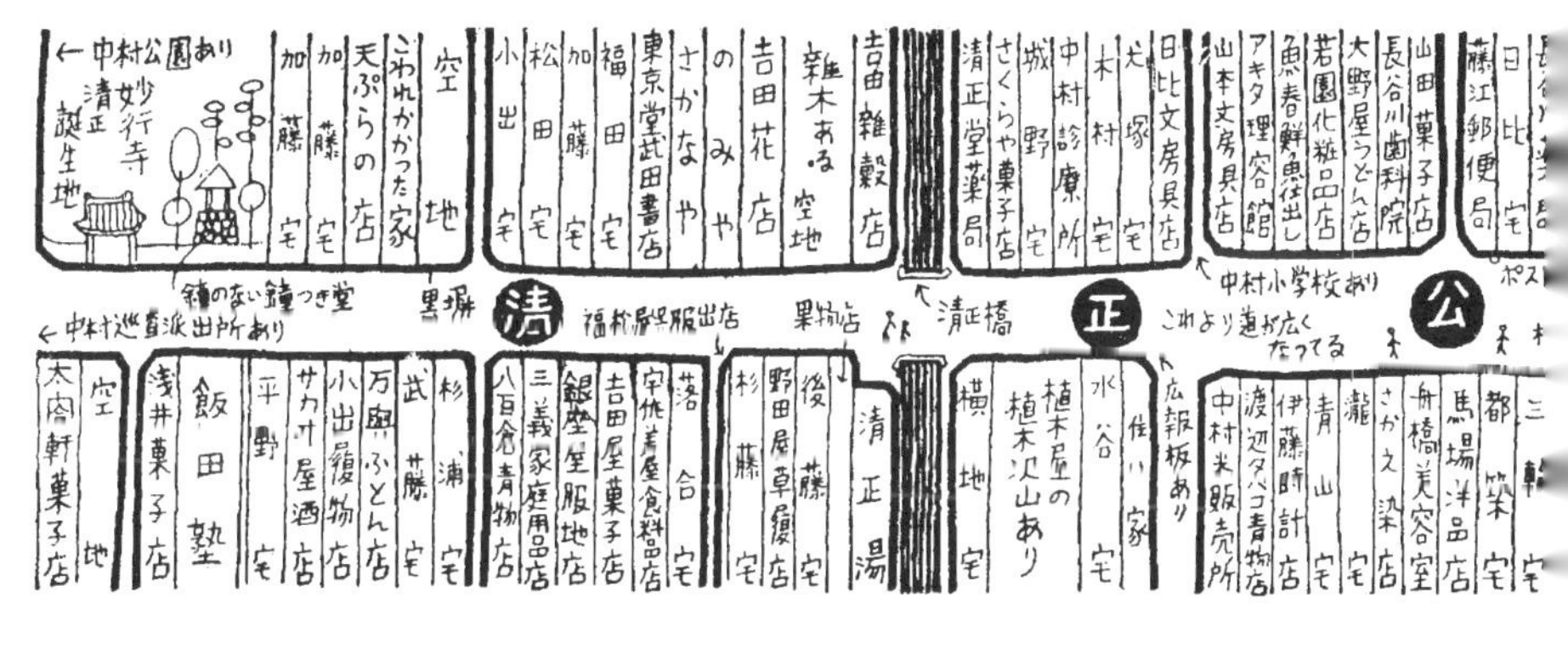

図6 「名古屋タイムズ」1966年6月12日 名古屋タイムズアーカイブス委員会提供

すべてのテナントが退去している（図5）。

名古屋駅西銀座商店街

敗戦直後の闇市から新幹線開通を機に激変した名駅西地区だが、名古屋駅西銀座商店街のエリア別、時代別の変遷を見てみたい。名古屋駅から椿神社までの椿駅西通り（1953年4月19日付）からは、シロヤ文具店（シロヤ商店）と半谷古着（一品堂）の2件のみが残る。現在は駅西商店街のアーチが架かる椿神社から則武本通り（環状線）までの間の駅西銀座発展会（1966年（図6）6月12日付）では、ミヤキ商店、六浦理髪店、日商ビニール店、酒津屋酒食料品店（さかつ屋）、北嶋電気商会、幽泉堂、河村理容舘（ヘアサロンカワ

図7 1960年代の商店街
（『名古屋市市政叢書5 中村区』から）

図8 喫茶すず

ムラ）、喫茶すず、武田タバコ店（武田屋）、味多喜菓子店（味多喜本店）、玉喜屋呉服店（玉喜屋）、杉戸呉服店、宮島電気商会（愛電館みやじま）、金時湯が、往時と同じ業態で営業を続けている。

新たにリニア新幹線開通を控えて、現在再び大きく変わろうとしている駅西銀座の姿を、後年改めて検証する必要性を感じている。

図９　駅西銀座入り口のアーチ

図 10　金時湯

図 11　椿神社

6　まつりと伝説

花車神明社の祭礼と山車

文…田中青樹

江戸時代からの伝統

　中村区には現在3輌の山車があって、花車神明社（広井神明社とも　中村区名駅五丁目13－6）の例大祭に曳かれている。これらの山車は、もともとは地元の祭りに曳くために造られたのではなく、三之丸天王社（後の那古野神社）の見舞車として造られたものであった。三之丸天王社は名古屋城築城以前から存在していた古い神社であり、ここの祭りには車楽（だんじり）と呼ばれる大きな祭車が2輌あり、夜には屋根の上にたくさんの提灯を灯した。この地方の中世からの伝統を引く形態の祭車である。見舞車は車楽とは形態が異なり、形も小さい。氏子の町や村から提灯を灯して曳き出し、車楽に献灯する名目で造られたのであった。明治になって三之丸天王社は名古屋城内から現在地に移り、名称も須佐之男社（すさのおしゃ）を経て那古野神社と改める。祭りの次第も改まり、氏子地域も変更され、見舞車の風習は廃れた。花車神明社は旧広井村の氏神であるため、山車はその祭礼に合わせて曳くようになった。現在は10月の第2土曜、日曜日に紅葉狩車（もみじがりしゃ）（図1）、二福神車（にふくじんしゃ）（図2）、唐子車（からこしゃ）（図3）の3輌が花車神明社のほか白龍神社と柳里神社にも揃って参詣する。それぞれの山車単独では円頓寺商店街や西日置の塩竈（しおがま）神社など広い範囲を巡行している。

　3輌の山車はいずれも江戸時代後期に造られたもので、共通の外観を備えている。車輪は本体の両側にはみ出して取り付けられる外（そと）輪式（わしき）で格子状の輪掛（わがけ）で覆われている。その少し上に梶棒（かじぼう）がある。山車の前部約4分の1は一段低くなり、ここに麾振（さいふ）り人形を載せる。山車最上部はからくりが演じられる場所で、その上には細い四本柱で支えられた軽快な屋根が架けられる。屋根はせり上げ機構により

図1　方向転換をする紅葉狩車

図2　二福神車　恵比寿、大黒と宝船　前にいるのは麾振り人形

上下に動く。こうした形態は名古屋型と呼ばれ、名古屋城下とその近辺に主に分布する型である。

図3　提灯を灯した唐子車

からくり人形の魅力

からくり人形は山車ごとに特有の演技を繰り広げ、その演目によって山車の名前が付けられている。上花車の紅葉狩車では平維茂の紅葉狩を題材としている。維茂一行が出会った美女が扇を持って舞いを披露するが、後ろを向いた一瞬で鬼女に変身し撞木を手にして激しく舞う。胸の部分に鬼面を仕込んでおき、胸板を一瞬で開き鬼面を被せることで変身させる仕組みである。この人形の頭には年安政4年（1857）の墨書がある。

下花車の山車、二福神車の上山には恵比須と大黒と宝袋が載っている。恵比須が鯛を釣り上げると大黒は大喜びして小槌で宝袋を打つ。すると中から宝船が出現するからくりである。同様のからくりは東照宮祭に長者町から曳かれた二福神車にもあった。なお山車の製作年は部品を入れる箱の墨書から天保7年（1836）と推測される。

唐子車は天保12年（1841）に造られたと思われる内屋敷所有の山車であるが、唐子遊びのからくり人形にちなむ名称である。押唐子人形は蓮台を押し回す所作をする。小唐子人形は蓮台から梅の木に移って逆立ちをし、手に持ったバチで梅の木に吊された太鼓を叩く。蓮台から梅の木に移動しても動き続け、不思議と思わせる。差し金という爪付きの金属板を仕込んだ棒を、人形の動きにつれて差し直し、あたかも人形がひとりでに動いているように見せている。離れからくりと呼ばれる操法である。

山車の見所はからくり人形だけではない。山車を覆う幕や木部の漆塗り、飾金具も山車を華やかに飾っている。また、囃子方は巡行の間中、大太鼓、小太鼓、笛、鼓を演奏する。人形の所作に合わせた人形囃子はそれぞれの山車固有の曲であるが、三番叟や車切など共通する曲もある。山車を操る楫方は狭い道を正確に曲がったり山車を担ぎ上げたまま何度も回転させたりするための技の伝承があり、お互いに技を競い合う風もある。祭りを支えているのは町内の人だけではない。離れて住んでいても祭りには必ず参加する人もいる。祭り好きの多くの人々の力によって祭りは続けられている。

6　まつりと伝説

七所社きねこさ祭り

文…田中青樹

尾張三大奇祭の一つ

中村区岩塚・七所社（しちしょしゃ）のきねこさ祭りは国府宮の裸祭り、熱田神宮の歩射神事とともに尾張三大奇祭といわれることがある。「奇祭」という言葉から受ける印象とは異なり、豊作への願いを伝える古式ゆかしき祭りである。

きねこさ祭りは旧暦の正月17日におこなわれる。祭事の中心的役割を果たす12人は役者と呼ばれ、昔は氏子の中の青年とふたりの少年が選ばれていた。今は後厄の人と本厄の人の子供が引き受けるようになっている。彼らは祭りの2日前の夜から社務所を忌屋（いみや）として別火の生活に入る。その世話は男手でおこない、女性が携わることはない。

祭りの概要

祭り当日、浴衣姿の役者たちは先端に枝葉を残した竿竹とともに、神社の西側にある庄内川まで練りながら駆け、下帯ひとつになって川に入る。川の中程に竿竹を立てて皆で祭文を唱えるなか、役者の一人がこの竹に登り、竹が倒れた方向でその年の豊凶を占う（図1）。マスコミなどではこのシーンがよく紹介されるが、神社ではこれを川禊（かわみそ）ぎとしている。このときに津島神社の神札を川へ流す。

このあと役者たちは役ごとの装束に着替える。大きな鏡餅を載せた車や神楽とともに佐屋街道を行列して七所社まで進む。

行列が神社に入ってから拝殿にて神事があり、そのあと役者たちは庭へ降りる。笛吹を先頭に種下ろしの祭文を唱えながら拝殿の前を三周する。祭文は「明神のごくうでんの種おろしいたそうよ」で始まり、一部不明の点はあるが、豊作を願う内容である。次に役者は、笛、獅子頭、後振り、犬持、鷹持、コサ、杵、齋服（いんぷく）、稚児、田行事、笠鉾、射手の順に並び、それぞれの祭具を持って社前を三周する（図2）。役者の装束は、黒の紋服に裁着袴（たっつけばかま）を基本とす

図1　庄内川での年占

るが、犬持、鷹持は子供が務め、普通の袴をはく。稚児は着流しで赤い被衣を被る。齋服は甲冑を身につけている。この総まわりが終わると役者は一旦退場し、今度はひとりずつ、順に所作を見せながら社前を廻る。その間に手に持つ祭具で見物人を叩いたりする。見物人は叩かれることで厄を落とすとされ、役者をからかい、わざと叩かれたりする。笠鉾が人垣に突進したり、杵やコサを振り回して見物人を追うたびに歓声があがる。

以前はこの庭の行事を昼と夜と二回繰り返していた時期があり、その頃は昼の行事が終わった夕方に、五勺盛、七勺盛ということがあった。椀に五勺の飯を盛って役者に勧め、次には七勺盛を勧める。昔の若い人はこれをすべて平らげることもあったそうだ。

図2　役者の総まわり　笛吹を先頭にまわる

中世の余韻を残す祭り

この祭りは祭礼前の忌み籠もりが守られていることや役者の装束などからも古い歴史を持つことを示している。本来は「田祭り」と呼ばれたが、通称として「つうくら祭り」ともいった。それは「ツウクラ、ツウクラ、ツウクラッツー」という囃子の調子から来ている。また、きねこさ祭りの語源については加藤康司氏の論考がある。「名古屋岩塚七所社のキネコサ祭」（『旅と伝説』15―6、1942年）において、柳田国男の「食物と心臓」から引用しながら、手杵で搗くときに飛び散る餅や杵尻に付着している餅がキネコサゲでキネコサの語源はそこにあるとしている。「きねこさげ祭り」が「きねこさ祭り」になったわけである。

祭りのなかで唱えられる種下ろしの祭文は、この祭りが田遊びの系統に連なることを示している。田遊びは年の初めに豊作を願い、あらかじめそのかたちを演じる予祝行事である。七所社に祀られる熱田の七社が勧請されたのは室町時代の応永32年（1425）であり、その頃に始まったものであろうか。もちろん当初の姿そのままではなく、さまざまな要素が加わり変化した様子は窺われるが、都市化するなかで今日まで引き継がれてきた貴重な祭りといえる。

6　まつりと伝説

笈瀬川の河童伝説

文…田中青樹

なぜ河童の銅像が？

中村区には通称「かっぱ商店街」がある。名古屋駅の西側、笈瀬(おいせ)通りが太閤通りと交差する辺りから南方向へ広がる「笈瀬本通商店街」である。笈瀬通交差点には河童(かっぱ)の銅像が二体立っているし（図1）、笈瀬通りを南へ歩くと須佐之男社の裏にも河童の銅像がある。なぜ河童なのだろうか。この辺りには、もとは笈瀬川という川が流れていたが、現在は暗渠化されて道路になっており、その下流は中川運河につながっている。

実はこの笈瀬川が地上を流れていた時代に河童の伝説があり、それに基づいて「かっぱ商店街」と名づけられたのである。

笈瀬本通商店街振興組合が設置しているパネルには、笈瀬川に子供好きの河童が棲んでいて、ある日、川で溺れている子供を助けて人助けの河童と親しまれたと記される。ちなみに、かっぱ商店街の趣旨もこの河童にちなんで家計を助けることにあるという。

図1　笈瀬本通商店街の河童像

椿の森の伝説

笈瀬川の河童については、『尾張名所図会附録（小治田之真清水）』（図2）に次のような記述がある。

河合小伝治という老士が暁にめざめ、寝られないので押切あたりをあちこち歩いていると、七、八歳くらいの小児が一人後について来る。怪しんでどこへ行くのかと問いかけると、我は椿の森に住む

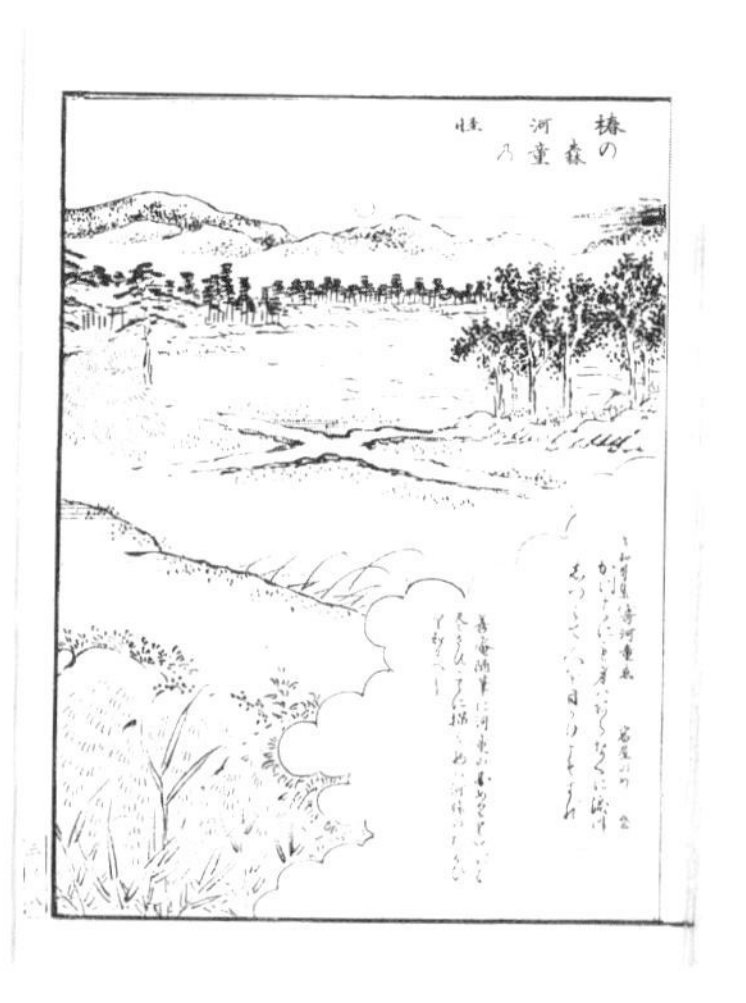

図2「椿の森河童乃怪」（『尾張名所図会附録』）愛知県図書館所蔵

者、押切の水車まで行くところと答えた。実はこの小児が河童であった。小伝治の肩に手をかけて強い力で引き倒そうとするが、小伝治は勇強の男だったので負けてはいない。河童不届きなり、我昔の身なれば一拳小打殺すべきが、今は念仏修行の老人なので許すと言ってにらみつけると、河童はたちまち笈瀬川に飛び込んだというものである。椿の森は現在の椿神明社辺りと考えられ、笈瀬川沿いの場所である。

この話は寛政10年（1798）に出版された山岡恭安の随筆『百二十石』に、宝暦6年（1756）7月3日の出来事として載っていると紹介されている。山岡恭安は『本草正々譌』を著した名古屋の本草学者。江戸時代にあっても、頻繁に河童が目撃されたわけではなさそうである。

河童の伝説は、この付近にもう一カ所ある。笈瀬川の下流で江川と合流する辺りにも河童がいたらしい。こちらはむさんど（無三殿）の河童と呼ばれ、川に向かってお尻を出すと痔を直してくれると信じられていた。現在は西日置にある塩竈神社の境内に無三殿社として祀られている。

本章で取り上げた以外の中村区の主な祭り

- 3月第2日曜日　射的祭（おまっとう）　八幡社春日社合殿（元中村町二丁目5）　境内に大きな的を立て6本の矢を放って射る、新春の行事。
- 5月18日直前の日曜日　太閤まつり　豊国神社（中村町中村公園内）　豊臣秀吉を祀る豊国神社の例祭。豊太閤頭巾行列や出世稚児行列などが盛大におこなわれる。
- 6月6日　石神社祭り　石神社（中村本町三丁目44）　災いを紙の人形（ひとがた）に移し息災を願う人形供養がおこなわれる。
- 7月1日から8月15日まで　稲葉地天王祭り　神明社（稲葉地町二丁目）　天王迎え、中祭り、祭上げに際し境内に笹提灯などを立て、お囃子を演奏してお参りする。＊天王祭りは東宿明神社など各所でおこなわれる。
- 7月24日　清正公（せいしょうこう）夏祭り　妙行寺（中村町字木下屋敷22）妙行寺は加藤清正ゆかりの寺で、清正公（せいしょうこう）信仰の名古屋における中心。清正の月遅れ命日にあたり清正公御正当会や焙烙加持（ほうろくかじ）などがおこなわれ、参拝者で賑わう。
- 8月3日　茅（ち）の輪・赤丸神事　油江天神社（中村町二丁目10）　茅（ちがや）を束ねた大きな輪をくぐることで災いを避け、また子供の額に朱の印をつけて虫封じをする。
- 10月10日　献湯の儀　八幡社春日社合殿（元中村町二丁目5）　境内に釜を据えて清め祓（ばら）いの湯立がおこなわれる。
- 11月の酉の日　酉（とり）の市　素盞男（すさのお）神社（日吉町18）　酉の市は昭和24年から始められ、縁起物の熊手などが売られる。

7 博物館・文化財

秀吉関連の史料からアール・ヌーヴォーの美術作品まで

文…水谷栄太郎

名古屋市秀吉清正記念館

中村公園の文化プラザのある場所にかつて結婚式場と名古屋市豊正二公顕彰館があったことをご存じだろうか。顕彰館は、中村区出身の豊臣秀吉と加藤清正の生涯を紹介し事績を顕彰したいという地元の強い要望を受けて1967年に開館した。秀吉と清正に関する資料の収集を進め、秀吉関係の貴重な資料を所蔵する博物館として全国に知られるようになった。また、林雲鳳・森村宜永・山田秋衞の三人の日本画家に秀吉と清正のエピソードを描いた絵物語の制作を依頼し、二人の生涯をわかりやすく紹介した。しかし、併設されていた結婚式場の廃止にともない1989年に閉館し取り壊された。

1991年に中村図書館、中村文化小劇場との複合施設中村文化プラザの2階に名古屋市秀吉清正記念館として新装開館した(図1)。記念館は、秀吉・清正とその時代を紹介する常設展、二人に関連する事柄をテーマとする秋の特別展と館蔵資料を活用する特集展示などを開催し、訪れる度に新しいものやことに出会えるように活動を展開している。

常設展は、1「信長と秀吉」、2「秀吉の天下統一」、3「関ヶ原の戦い」、4「清正と尾張の武将」、5「太閤記の世界」の5章で構成されている。第1章では天下統一を目指した織田信長の活動と信長に仕えた木下藤吉郎の足跡をたどる。第2章は、信長を討った明智光秀を山崎の戦いで、信長没後のライバル柴田勝家を賤ヶ岳の戦いで破り信長の後継者の地位を獲得した秀吉が、天下を平定し、検地、刀狩りなどの政策を進め、朝鮮に出兵する過程を紹介する。第3章では秀吉の死後、豊臣政権の維持を図る石田三成らと奪取を画策する徳川家康との争いとその後の徳川幕府の成立を示す。第4章では、秀吉を

図1　名古屋市秀吉清正記念館展示室

支えた加藤清正と尾張出身の武将を紹介する。尾張は、前田・福島・山内・蜂須賀など多くの大名を輩出している。第5章　江戸幕府により秀吉を讃える出版物の発行は規制されていた。しかし、没後も庶民の人気者であった秀吉を賛美する伝記や浮世絵が主人公の名を変えて続々と発行され人々を楽しませた。これらの出版物より英雄としての秀吉像を探る。

この常設展の展示品のほとんどが秀吉清正記念館の所蔵品である。主な所蔵資料として秀吉の一族でありながら幕府の旗本となることを許された木下家に伝来した品々と、織田信長・豊臣秀吉・徳川家康に仕え、後に初代尾張藩主徳川義直の家臣となった兼松正吉家の文書類が挙げられる。

木下家旧蔵品には、武器・武具・肖像画・系図・文書などがある。主な武具としては、ビロードのマントを仕立て直した陣羽織と秀吉が着用したと伝えられる具足があげられる。陣羽織の表面は、赤色のビロード地に金糸と紺糸などですきまなく龍・唐草・人物・動物などの文様が刺繍されている。今は色あせているが、豪華なものであったことがうかがわれる。具足は、いろいろな色の糸で小札(鉄片)を綴り合わせた色々威二枚胴具足で、僧侶が用いる払子状の飾りのついた兜とともに用いられた。旗本木下家の三代当主秀三は、絵師狩野随川にこの甲冑を着用した秀吉の姿を描かせた(図2)。絵の上に秀吉を神として讃える文章が書かれている。また、秀吉の正妻高台院(おね)の画像は、高台院が亡くなって40年ほどたってから描かれたものだが、このときの木下家の当主が、高台院に養育された初代利次であることから、利次の説明をもとに描かれたと推測される。画像の柔和な風貌は実際の姿を忠実

図2　豊臣秀吉画像（部分）狩野随川邦信筆
名古屋市秀吉清正記念館所蔵

図3　加藤清正画像（部分）
名古屋市秀吉清正記念館所蔵

に表現したものであろう。文書の中には、徳川家康に宛てた書状、茶会好きの秀吉が自ら筆を執ったと伝えられる茶会組み合わせ、茶道具目録のほか、掟書などが含まれる。掟書には、「おねに口ごたえした時には、一日一晩縛り付けられてもかまわない」という面白い条文がある。

兼松家資料には、織田信長の朱印状などのほか、秀吉が木下藤吉郎と署名した最も古い文書が含まれている。また、信長から拝領したと伝えられる足半という草履のかかとの部分のない履物もある。朝倉義景との刀根坂の戦いの折、裸足で戦場を駆け巡っていたため足が血に染まった兼松正吉の姿を見て、信長が自らの足半を与えたものと伝えられている。兼松家ではこのことを書き付けた紙を足半に結わえて大切に伝えてきた。兼松正吉が姉川に出陣していた時に正月を迎え、河原に自生していた葦で正月飾りを作ったことにちなみ、兼松家は以後正月の飾りを葦で作り門前に飾ったという。その名残で現在東山植物園に移築されている兼松家の門には、正月に葦で作られた門松が飾られる。

一見地味に見える博物館にも貴重な美術品や歴史資料が展示されていて、思いがけない出会いがある。

さらに詳しく知りたい、調べたい人のために1階の中村図書館に、「秀吉・清正コーナー」が用意されている。

願成寺

願成寺（高須賀町24）は、行基によって開かれたと伝えられる天台宗の寺院である（図5）。16世紀前半に盛海上人が荒廃した寺を再興したが、16世紀中頃に織田信長の兵火によって伽藍は焼失し、寺領を没収された。江戸時代に再興されたが、明治24年（1891）の濃尾地震で大きな被害を受けた。

薬師堂内に阿吽一対の仁王像が収められている（図4）。仁王像は、仏敵が寺内に入ることを防ぐため寺の入口の門に安置されることが多い。いずれも高さ3・2mを超える堂々とした像で、鎌倉時代の作と推定されている。阿形像は口を開き怒りの表情を露わにし、吽形像は口を閉じて怒

図4　仁王像　吽形上半身
願成寺所蔵

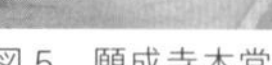
図5　願成寺本堂

りを内に秘めている。両像ともに一部が後世に補修されているが、制作時の姿を留めている。胸や腹部の筋肉は極端な誇張はされず写実的に表現されているため、ゆったりと落ち着いた印象を与える。

近年の愛知県史編纂の調査により、新たに烏天狗像と宇賀神像の2体の円空仏が発見された。当寺には、このほか柿本人麻呂像2体、観音菩薩像、宇賀弁財天像、文殊菩薩像各1体が所蔵されている。柿本人麻呂像のうち1体は、目尻が下がった柔和な表情で長い顎ひげを垂らし、烏帽子をかぶり、片手を膝に置いている（図6）。背面に円空とは別人の手で、「願成寺　高須賀山　石見野柿本」と墨書され、その横に人物像のようなものが描かれている。この像は、中川区荒子観音の柿本人麻呂像と同じ木から制作されたことが判明している。円空が荒子観音に滞在した延宝4年（1676）に制作されたと推定される。しかし、文殊菩薩と宇賀弁財天像は、背面に書かれた梵字の配列から延宝9年以降の制作と考えられる。当寺には異なる制作時期の円空仏が、存在することとなる。

図6　柿本人麻呂像（円空作）願成寺所蔵

妙行寺

加藤清正と縁の深い妙行寺は、真言宗の本行寺という寺であったが、永仁2年（1294）に日蓮宗に改宗したと伝えられている。寺伝では加藤清正が、名古屋城築城のため名古屋に滞在した折に、余った材木と普請小屋をもらい受けて現在の地（中村町字木下屋敷22）に先祖と両親の菩提を弔うために再建したという（図7）。

山門を入ると左手に清正公堂があり、熊本の加藤家の菩提寺本妙寺の三世日遥上人の刻んだ加藤清正像が安置されている。清正没後に日遥上人の制作した二体の清正像のうちの一体である。上人は清正が朝鮮に出征した折に連れ帰った人物で、京都の六条講院、日蓮宗総本山の久遠寺などで修業し、書にも秀でていた。

妙行寺は、二件の愛知県指定文化財を所蔵している。絹に描かれ着色された清正画像と紙に描かれ着色された仏画である。清正の画像には、上畳に家紋の桔梗文様の黒の束帯を身にまとって右手に扇を持って座る姿

図7　妙行寺

図8　加藤清正像（部分）妙行寺所蔵

が描かれている（図8）。清正の頭上には「南無妙法蓮華経」の題目、その右に「前肥州太守浄池院殿日乗大居士」、左に「于時慶長第十六辛亥林鐘下旬四　日遥（花押）」と記されている。林鐘は旧暦の6月のことで、清正の没した年月日が示されている。

　仏画は、日蓮宗の本尊に当たる曼荼羅で、中央に釈迦如来、その下に無辺行菩薩、上行菩薩、浄行菩薩、安立行菩薩を配し、上部の中央に題目を記し、その左右に雲に乗った日輪と月輪を描いている。左下に「天正九年辛己三月廿二日　願主日等敬白」とある。

　清正公堂の南隣に、尾張藩の儒学者秦鼎撰、書家の丹羽盤桓子書の「加藤肥後侯旧里碑」が立っている（図9）。

図9　加藤肥後侯旧里碑

光明寺

　浄土宗寺院の光明寺は、寺伝によると応永25年（1418）に愛知郡中村（押木田公園付近）に創建されたという。創建後、春日井郡平田（西区）、次いで清須に

図10　増上寺本法然上人絵伝の模本（部分）
光明寺所蔵

移転し、名古屋開府の時期に清須から、現在の白川公園の地に移転した。1500坪を超える境内には、山門・本堂・鐘楼をはじめ、塔頭吟崇院（十三堂）・願故院などの建物が建てられた。昭和16年（1941）に境内地が防空公園用地に指定され移転を命じられた。しかし、その準備中に空襲により15棟の建物、97体の尊像と南画家山田宮常とその弟子の文人画家中村竹洞の襖絵など、多くの貴重な寺宝を失った。戦災後に疎開予定地であった現在地（道下町一丁目23）に移転した。

江戸時代後期の地誌「佳境遊覧」には、「太閤記」に書かれている秀吉が手習いした光明寺は、この寺であると記されている。

寺宝として、伊藤次郎左衛門家から寄進された増上寺本法然上人絵伝の模本があげられる（図10）。この絵伝は、浄土宗の宗祖法然の一生の行状を絵で伝える伝記で、鎌倉時代から室町時代に多く制作された。増上寺本は、鎌倉時代の上人絵伝の中でも美術的価値の高いものである。この模本は2巻からなり、文化9年（1812）に当時の原本の状態を正確に写した完璧な出来栄えの優品であることから愛知県の文化財に指定されている。また、明治元年（1868）に伊藤次郎左衛門祐良が造立した仏足石も所蔵するが、風化による傷みが著しいため、公開されていない。

光明院

16世紀前半の大永年間に開創された曹洞宗の寺院で、慶長年間の清須越しで現在地（名駅五丁目7－9）に移った。火災でたびたび焼失したが、そのつど再建された。

寺宝として刺繍で釈迦が入滅する情景を表した涅槃（ねはん）図がある（図11）。中央に沙羅双樹の下に北枕で面を西に向けて横たわる釈迦の姿、その周りに菩薩、弟子と信徒たち、上方に雲に乗って飛来する釈迦の生母摩耶夫人と童子、下方には嘆き悲しむ動物たちが刺繍で表現されている。縦23

図11　刺繍涅槃図　光明院所蔵
名古屋市教育委員会提供

1・5㎝、横182㎝の大型の良好な状態で保存されてきた涅槃図である。このような刺繍による涅槃図は、類例が少なく貴重であることから、西区の願王寺の刺繍涅槃図とともに名古屋市の文化財に指定されている。

この涅槃図が収められている箱の蓋の裏に、「延宝八年（1680）庚申年二月」の墨書があるので、この頃の制作と思われる。毎年旧暦2月15日の涅槃会に本堂で公開される。

境内には多くの地蔵像があり、船に乗った珍しい像もある。また、尾張藩御用商人三家衆であった内海屋内田家から寄進されたという一石三十三観音像もある。

東松(とうまつ)家住宅

犬山市の博物館明治村で中村区船入町（名駅五丁目）にあった民家が保存、公開されている。重要文化財東松家住宅である。この家は、江戸時代末期には平屋であったが、明治28年（1895）に後方へ曳家をして2階を増築し、明治34年（1901）頃に3階を増築した。3階建て以上の木造住宅は、法令の規制により幕末から大正半ばまでの50年間しか建てられなかったため、現存する貴重な3階建て木造住宅である。

堀川の舟運を利用し江戸時代から油屋を営んでいた東松家の住宅は、間口が狭く奥行きの深い敷地に建っていた。江戸時代以来の伝統工法である塗屋造りで、外面を土壁や化粧漆喰塗りとし防火性を高めている。

入口を入ると左側は奥まで続く通り土間で、3階まで吹き抜けとなっており、壁に高窓を設けて外光を採り入れる造りとなっている。右側の入り口のあたりは、商売の場である「ミセ」で、帳場格子、箪笥、油桶などが置かれており、その奥が座敷、仏間となっている。2階より上は私的な空間で、主人が茶道を嗜み、茶事を好んだため2階と3階に茶室がある。2階の茶室では廊下を露地と見立てた造りとなっている。商家の表向きと奥向きの違いと富裕な商人の暮らしぶりを知ることのできる数寄屋風の町屋である。

大一美術館

美術館の扉を開くと、天井から吊り下げられた巨大なガラス作品が目に入る。アメリカを代表するガラス工芸家デイル・チフーリが制作した600片のガラスからなるシャンデリアである（図13）。

大一美術館は、19世紀後半から20世紀初頭にかけて流行した国際的な美術運動アールヌーヴォーのガラス工芸の名品と20世紀の巨匠チフーリの作品を所蔵し、公開している。制作された時代と地域、そして趣の異なるガラス工芸品を楽しむことのできる個性的な美術館である。

1階の展示室では、年2回企画展が開催され、エミール・ガレ、ドーム兄弟などの作品が展示されている。照明の抑制された落ち着いた空間に、精巧な作りの花瓶やランプなどが浮かび上がる。ここには1889年パリ万国博覧会に出品されたガレの「ジャンヌ・ダルク文花瓶」、同じく1900年のパリ万博に出品された「茄子型ランプ」などとともにガレに触発され美術作品の制作を始めたドーム兄弟の作品が陳列されている。ドーム兄弟の作品の中でも「フクロウ文ランプ」は長年アントナン・ドームの書斎に置かれていた作品で、作者の愛着が感じられる美しく魅力的な優品である。自然を着想の源としたアールヌーヴォーの作品の植物・動物・昆虫の文様表現を楽しむこともできる。

　2階は一変して明るく開放的な空間となり、色彩鮮やかなデイル・チフーリの作品群が壁面を飾っている。作品は大きく躍動感にあふれ、エネルギッシュな印象を与える。このフロアーには特別展示室もあり、ガラス工芸品のみならず、時には日本画を楽しむこともできる。

　また、1階にはアールヌーヴォーを代表するアーティスト、アルフォンス・ミュシャの作品を眺めながらくつろげる休憩スペースと貸しギャラリーも併設されている。ギャラリーでは展覧会に加えてものづくり体験事業が催されることもある。

　この美術館は、当初中村区出身の実業家市原茂氏が収集した日本画を展示する施設として開設する予定であった。しかし、ガレの作品に魅了された市原氏は、急遽ガラス工芸品の美術館とすることにした。建設予定日が決まっていたため、短期間で作品を収集する必要に迫られ、国内はもちろん、ヨーロッパにも足を運んだ。この熱意が実を結び、今日のコレクションの中核ができ、1997年に開館した。開館後も来館者の希望を聞き、ガレの陶器、ルネ・ラリックの作品などを収集し、コレクションの充実に努めている。

　この美術館が地域振興の一助となるようにとの市原氏の願いは受け継がれ、年数回名古屋音楽大学の協力によるコンサートを開催し、ガラス工芸作家の支援もおこなっている。

図12　大一美術館外観
大一美術館提供

図13　館内（中央はチフーリ作のシャンデリア）大一美術館提供

8　郷土の人々

英傑から坪内逍遥まで

文…水谷栄太郎

豊臣秀吉

豊臣秀吉は、最もよく知られ人気のある人物の一人である。そのため、伝記が書かれ、小説、芝居、映画、テレビで取り上げられてきた。このような秀吉人気を形成してきた原動力となったのが、表に掲げた秀吉に関する書物である。

これらの書物には、①「天正記」のように秀吉在世中に書かれたもの、②「川角太閤記」「豊鑑」「太閤素生記」など没後それほど時を経ずまとめられたもの、③江戸時代中期以降にそれまでの著作を基にして庶民向けに出版された「太閤真顕記」「絵本太閤記」などがある。

①「信長公記」の著者でもある太田牛一の「太閤軍記」は、自筆の「大かうさまくんきのうち」（重要文化財）からその存在が確認されたものである。秀吉と同時代に著わされた「天正記」は、天正8年（1580）の三木合戦から天正18年の小田原攻めまでの秀吉の活躍を12巻にまとめた書物であるが、「若公ご誕生之記」など4巻は散逸している。秀吉の側近く仕えるお伽衆としてその意に沿う記述が見られるため、必ずしも正確であるとは言えない。例えば天正13年の関白就任に際しては、「関白任官記」の巻で秀吉の祖父母は萩中納言に仕えた人物で、母は宮中に出仕して2～3年後に身ごもり尾張に帰って秀吉を出産したと記されている。

②秀吉没後30年ほどたって秀吉を直接あるいは間接的に知る人々により記された書物のうち「太閤素生記」には、秀吉の出自、誕生と幼少期が詳しく書き記されており、日輪が母の懐中に入り秀吉が誕生したと伝える。このような話は、日本の高僧伝にも見られ、

表　近世の豊臣秀吉に関する書物

書名	著者	成立年
天正記	大村由己	1590 ～ 1596
太閤軍記	太田牛一	1610 頃
川角太閤記	川角三郎右衛門	1621 頃
太閤素生記	土屋知貞	1625 ～ 1676
太閤記	小瀬甫庵	1626 初版
豊鑑	竹中重門	1631
太閤真顕記	白栄堂長衛編	1787 頃
絵本太閤記	武内確斎著　岡田玉山画	1797 ～ 1802 刊
真書太閤記	栗原信充（柳庵）	1852 ～刊

中国と朝鮮にも多くの説話がある。秀吉自身も、天正18年の朝鮮国王宛の書簡に「予かつて托胎の時にあたり慈母日輪懐中に入るを夢む」と記し、文禄2年（1594）のフィリピン総督宛の書簡では「予が誕生の時、太陽予が胸中に入りたり」と述べている。この書物は武田信虎の旧臣土屋昌遠の孫である知貞が、父、養母と祖母から聞いた話をまとめたものである。養母は秀吉の出身地中村の代官稲熊助右衛門の娘である。川角三郎右衛門による「川角太閤記」は、明智光秀の旧臣で前田利長に仕えた山崎長門守、豊臣秀次の家臣林亀之助など同時代の武士から聞いた話をまとめたものであり、他の太閤記ものと比べ史料価値が高いとされる。小瀬甫庵の「太閤記」は秀吉の伝記の代表作で、その後の太閤記ものの底本とされることが多いが、著者独自の史料解釈や改変も指摘されている。幕府により幾度か発禁処分を受けたが、根強い人気があり、再発刊された。

③　江戸時代後半には「太閤真顕記」「絵本太閤記」「真書太閤記」などが出版され、多くの人に愛読された。「絵本太閤記」は、武内確斎の文章に岡田玉山の挿絵を添えた本で、庶民にも読みやすく好評を博して、5年間にわたり7編84冊が刊行された。この本の人気に便乗して人形浄瑠璃「絵本太功記」、歌舞伎「恵宝太功記」が大坂で上演され大当たりした。このブームに不安を感じた幕府は享和4年（1804）に絶版を命じ、さらに回収令を出した。秀吉の人気が幕府批判につながることを恐れた措置である。しかし、幕末に

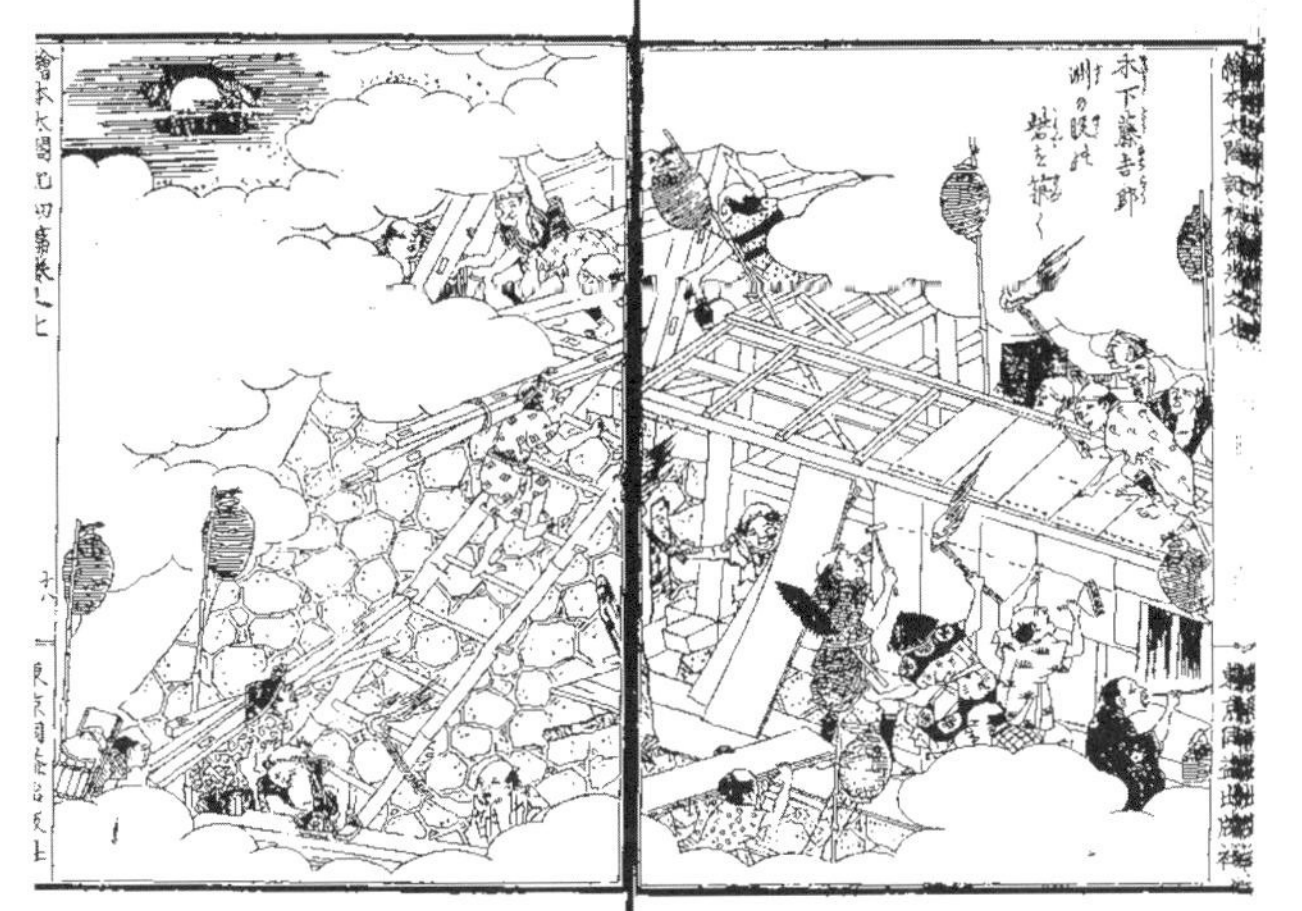

図1　墨俣城築城の図（絵本太閤記初編第7・8巻　岡田玉山著・画）
国立国会図書館デジタルコレクション

図2　太田春長公の命を受け真柴久吉出陣之図（大日本歴史錦絵、一勇歳国芳画）
国立国会図書館デジタルコレクション

出版禁止が解かれると、挿絵にならって秀吉を題材にした浮世絵が大量に出版された。この本は、秀吉の活躍を大胆に潤色し、多くの逸話を収録している。今日人々が秀吉に持つイメージは、この本によるところが大きいと言えよう。

あふれる才気と人を引きつける魅力を活かして下層から天下人に上りつめる秀吉のサクセスストーリーは人々を魅了した。そして、わずか二代で滅亡した悲劇は人々の同情を誘い、判官贔屓の気持ちを刺激し、太閤人気を高めてきた。

江戸幕府は、戦国時代から安土桃山時代の武将を本、浮世絵、芝居で取り上げることを禁じていた。徳川政権成立の経緯を取り扱われ幕府批判を招くことを避けるためであった。そのため、本や浮世絵に描かれる人物は、実名ではなくそれとわかる人物名にして、暗示した。例えば、豊臣秀吉は真柴久吉、中浦猿吉郎久吉、大領久吉、織田信長は小田春永、大多上総介平春永、太田春長、加藤清正は佐藤正清と表現した。

慶長3年（1598）8月18日伏見城で死去した豊臣秀吉は、京都東山の阿弥陀ヶ峰に葬られ、その翌年秀吉は「豊国大明神」の神号と正一位の神位を贈られた。阿弥陀ヶ峰の西麓に豪壮華麗な神廟が創建されて、4月16日から遷宮祭が営まれた。秀吉の7回忌にあたる慶長9年には盛大な臨時祭が催され、華麗な神官馬揃え、能楽四座の新作能の奉納と風流踊りで京の町は大いに賑わった。その様子は「豊国祭礼図屏風」に活写されている。しかし、慶長20年の豊臣家の滅亡後、豊臣秀吉の痕跡と記憶を抹消しようとする幕府によって神号は剥奪され、豊国神社は破却された。しかし、慶長5年に秀吉ゆかりの長浜に、同19年に蜂須賀家の領国阿波に、元和2年（1616）には前田家の城下町金沢に豊国社が勧請され信仰は守り伝えられた。

秀吉没後300年にあたる明治31年（1898）には、秀吉の軍師黒田官兵衛孝高の子孫黒田長成侯爵を会長とする豊国会により豊公三百年祭が盛大に執りおこなわれ、京都の豊国廟に記念碑が建立された。

加藤清正

賤ヶ岳の七本槍、虎狩りをした武将、名古屋城と熊本城で名をあげた築城の名手、治水事業に手腕を発揮した土木工事の達人、「せいしょこさん」の名で親しまれ敬われる神としての存在など、加藤清正はさまざまな顔を持っている。

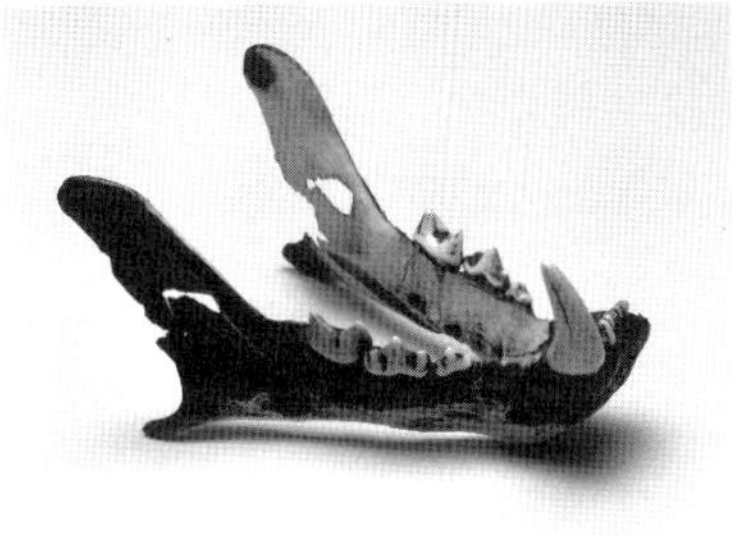

清正の死後それほど時を経ずまとめられた「清正記」によると、清正は永禄5年（1562）に加藤清忠の子として尾張国愛知郡中村で生まれた。誕生地は、常泉寺の西の八幡社とされてきたが、明治3年（1870）に妙行寺内が誕生地となり、尾張藩の儒者秦鼎選の「加藤肥後侯旧里碑」は寺内に移された。清正の母が、豊臣秀吉の母と縁続きであったので、清正は長浜城主であった秀吉に仕えることとなり、出世を重ねて肥後（熊本県）半国を、さらに関ケ原の合戦後に肥後一国を領した。

清正といえば朝鮮における虎退治が有名で、浮世絵に描かれ、芝居にも取り上げられている。朝鮮に出兵した秀吉は長寿を願い、滋養強壮の特効薬として虎の肉を塩漬けして送るよう武将たちに命じた。清正もこれに応え虎の肉を送ったことが、秀吉からの朱印状によって裏付けられている。名古屋市秀吉清正記念館には、清正が突き殺したと伝えられる虎の下顎の骨が所蔵されている（図3）。納められている箱の記述によれば、この骨は清正から重臣の大木兼能に与えられたものである。骨の外面には黒漆が塗られ、一部が削られている。これは江戸時代後期にコレラが流行した折に、薬とするため削り取ったものと推測されている。近年清正と同時代の李氏朝鮮の文化人呉希文が日記に清正の虎狩のことを書き記していたことが確認された。

図3　虎の下顎骨　名古屋市秀吉清正記念館

清正の名古屋城天守の石垣普請も語り継がれ、清正の石曳きについては、「続撰清正記」に詳しく記されており、「尾張名所図会」にその要約が紹介されている。清正は大きな石を毛氈で包み、車に乗せ、自らは片鎌の槍を持ち、周りにきらびやかな衣装をまとった数十人の美しい稚児小姓を侍らせて、木遣りを歌いながら5～6000人の人夫を指揮したという。沿道の商人の売る酒、果物などを買い取り見物人に施したので、見物人まで石曳きに加わったと伝えられる。あまりの規模に事実とは信じがたいが、人日を引く派手な様子がうかがわれる。

天守と小天守の石に清正の家臣の刻印があることは

知られていたが、２０１８年の発掘調査で天守台南西隅の巨石に刻まれた「加藤肥後守内　中川太良平」の文字が確認された。
　江戸時代後期に名古屋城の詳細な記録「金城温故録」を著述した奥村得義は、清正を藩と天守の守護神と表現している。

図４　清正石引の図（『尾張名所図会』前編第１巻　愛知県図書館所蔵

初代中村勘三郎

　２０１７年５月28日、初代中村勘三郎の生誕地とされる中村区に誕生地記念像が建立されたことを記念して、中村公園参道で中村勘九郎・七之助兄弟によるお練りがおこなわれた。猿若舞を舞う初代勘三郎の銅像は、中村公園内に設置された（図５）。初代勘三郎生誕地である縁で、先代十八代勘三郎は、２００６年に区内の同朋高等学校で襲名披露公演をおこなっている。

図５　初代勘三郎誕生地記念像

　初代勘三郎は、慶長３年（１５９８）頃の生まれとされ、父は豊臣政権の中老中村一氏の一族との説があるが、定かではない。中村氏は尾張中村郷を領地としていたという。江戸時代後期の肥前平戸藩主松浦静山の著書「甲子夜話」には、「生国尾州愛知郡中村」と記されている。

　勘三郎は、兄勘次郎と京で大蔵流の狂言を学び、猿若舞を創作した。元和８年（１６２２）に江戸に下り、歌舞伎の猿若彦作の弟子となった。寛永元年（１６２４）奉行所の許可を得て猿若勘三郎を名乗り、中橋南地（日本橋丸善付近）に猿若座を建て、座元として興業を始めた。「座」とは、役者の集団と芝居小屋を指すが、

図６　三芝居之図中村座内（豊国画）
国立国会図書館デジタルコレクション

座元は幕府から興行する権利「名代」を与えられて、役者を統率して公演した。江戸では、江戸三座と呼ばれる中村（猿若）座、市村座、森田座が競い合ったが、中村座が最も古く、そのため座元の中村勘三郎は、江戸歌舞伎の創始者と呼ばれている。猿若座の「猿若の踊り」は大人気を博し、小屋は大いに賑わった（図6）。寛永10年伊豆より幕府の大型船安宅丸を深川安宅町に回航した時に、美声の勘三郎が大声で木遣り音頭を唄い、金の麾と陣羽織を拝領した。その後、寛永12年（1635）頃に中橋は江戸城に近いという理由で中村座は禰宜町（人形町）に移転させられた。慶安4年（1651）の1月から4月にかけて勘三郎は、3度江戸城に召され、猿若の舞などを披露した。その直後の5月に奉行所の命令で中村座は上堺町（日本橋小舟町）に移るが、明暦3年（1657）の大火で焼失してしまう。勘三郎は子の勘二郎とともに京に上り、後西天皇の御前で、「猿若舞」と「新発智太鼓」を演じ、勘三郎は羽織を勘二郎は「明石」の名を授けられた。江戸に戻り活動を再開した勘三郎ではあったが、その直後の万治元年（1658）に病没し、江戸川区の大雲寺に葬られた。

　中村勘三郎の名跡は、明治8年（1875）に途絶えていたが、1950年に、四代中村もしほが十七代勘三郎を襲名し、復活した。

国貞廉平

第四代愛知県令国貞廉平（1841～1885）は、長州藩士国貞要助の子として生まれ、藩主の世継ぎの側近くに仕えた。維新後は山口藩に勤め、明治7年（1874）に内務省に出仕した。

　明治政府は、明治6年に地租改正に着手したが、愛知県では実施が遅れていたため、政府は明治8年末に知事と参事を罷免し、福島県令であった安場保和を愛知県令に、名東県参事の国貞廉平を参事に任命した。新体制のもと地租改正は進められ、市街地と郡村地の再編成がおこなわれ、明治9年に現在中村区となっている名古屋村、栄村、広井村が愛知郡から名古屋市街に編入された。

　明治13年に元老院議官となり転出した安場保和の跡を受けて県令となった国貞廉平は、安場の積極的な勧業策を継承しようとするが、経済状況の悪化により県の財政収入も減少していた。そのため自由党系が有力であった議会との関係は常に緊張状態にあった。そこで、国貞は県税徴収から支出までの時間差を利用して行政官の裁量で資金を貸し付ける「県税貸下金」制度を設けて新規事業を支援した。この制度による資金支援先は成果を挙げたが、県会が制度を設けた際に示した条件を国貞県令が守っていないという問題があった。特に明治用水事業と東洋組への貸し付けについては、金額が多額であるのに、貸付担保の条件が緩い、あるいは無担保であった。県会は、このことを重大視し、本来想定していた貸し付け条件を順守することを求めて、国貞県令の責任を追及していた矢先に国貞が急死したため、この問題の処理は、後任の勝間田稔県令に委ねられることとなった。

　このように県会と対立をした国貞県令ではあったが、備荒儲蓄法、公娼・席貸営業廃止運動については、県会と協力して推進した。備荒儲蓄法は、濃尾地震の際に、役立つことになる。

　また、明治16年に吉田禄在名古屋区長から熱田港築港の上申書が提出され、同年の臨時県会で奥田正香が熱田湾築港の建議案を提出し修正可決されたことを受けて、国貞県令は政府に上申した。しかし、回答を得ることはできなかった。

　国貞廉平は、豊国神社の創建とも深い関わりがあった。上中村戸長木村喜代二は、国貞県令と交遊があったので、山森茂寿、木村伊平、鈴木弥平とともに国貞に豊臣秀吉の霊を祭る祠を建てることを願い出た。国貞は、明治16年（１８８３）3月25日に現在の中村公園の地を訪れ、自ら「豊公誕生之地」と記して立札を立てた。その帰途木村喜代二宅に立ち寄り、有志とともに豊臣秀吉を顕彰し慰霊することを約束したという。木村をはじめとする4名に吉田弥十郎、吉見幸純が加わり、明治16年6月14日に国貞県令に上中村字木下屋敷１０７に豊国神社を創建することを願い出た。県令からは願いは聞き届けるが、建物が落成してから届け出るようにとの指示が出された。神社の正殿は明治18年（１８８５）1月18日に竣工したが、奇しくも同日に国貞廉平は肺炎により急逝し、中区の政秀寺で葬儀が営まれた。

　国貞の死があまりに突然であったため、名古屋鎮台幹部との酒宴で起きた席順をめぐる暴力沙汰が死因であるとの風説が流れたという。信念をまげず、県会と鋭く対立した剛毅な国貞の性格から生まれた話と言えよう。

坪内逍遥

　評論家として『小説神髄』、小説家として『当世書生気質』を著し、シェークスピアの作品を翻訳し、近代演劇の発展にも貢献した坪内逍遥（１８５９～１９３５）は、尾張藩太田代官所の役人坪内平右衛門の末子として現在の岐阜県美濃太田市に生まれた。

　明治維新直後に一家は、上笹島村の広い屋敷（中村区名駅三丁目11－13）に移り住んだ。逍遥の『私の寺子屋時代』によれば、当時の笹島は「藤や躑躅で客を引く泉水築山の小遊園があり、そこに笹島焼という名称のちょっとした陶器を焼く老人もをり、風雅な隠宅も一二軒あって、勝地に乏しい名古屋では、春先の行楽地の内に算えられてゐた」という土地柄であった。逍遥は、14、15歳の頃まで堀川で父母とともに屋形船に乗って花見を楽しみ、船を仕立てて家族そろって父の道楽であったハゼ釣りに興じた。一方勉学では、最初幅下新道町の柳沢孝之助の寺子屋で漢文、習字、算盤などを習ったが、後に書を青山暘成に、漢学を増田春邇郎に学び、四条派の画家喜田華堂から絵画の手ほどきを受けた。師はいずれも当時名古屋で一流の人物であったが、逍遥の文芸活動の素地をつくったのは、貸本屋大惣で借りて親しんだ草双紙などの本と芝居好きの母や姉に連れられて行った芝居見物であった。大惣は明和年間（1764～1772）に城下長島町（中区錦二丁目）で創業した貸本屋で漢籍から娯楽書まで幅広く取りそろえ、明治の廃業時には2万冊の蔵書があったという。廃業の際には、逍遥が蔵書処分に関わった。逍遥は、『少年時に観た歌舞伎の追憶』に「大惣は（中略）私にとって多少お師匠様格の働きをしてゐたといってよい。とにかく私の粗雑な文学的素養は、あの店の雑著から得たのであって、（中略）大惣は私の芸術的心作用の唯一の本地、すなわち「心の故郷」であったといへる」と記している。

図6　坪内逍遥

図7　坪内逍遥旧居碑

　14歳で逍遥は、名古屋県立英語学校に入学するが、廃校のため県立成美学校に移り、ここも廃校となったため16歳の時に官立愛知英語学校に入学した。この学校には数人の外国人教師がおり、彼らのシェークスピア劇の朗読は逍遥に強い印象を与え、後の翻訳へとつながる。卒業後逍遥は進学のため上京し、『小説神髄』『当世書生気質』を発表して世に認められた。明治19年（1886）頃、同じ尾張藩士の子弟で名古屋の英語学校の同窓であった二葉亭四迷が逍遥を訪ね、教示を受けていた。四迷は『浮雲』を出版するにあたり逍遥に相談して当時すでに高名であった逍遥の実名「坪内雄蔵」の名を借りることとした。このため後に『浮雲』の印税の受け取りを両者が拒否して物議を醸すこととなった。

　坪内逍遥にとって名古屋は、文壇、演劇界で活躍する素養を育んだ地であった。

【コラム】

とってておきの中村

文…坂東 彰（中川図書館長）

これまで名古屋市各区のいくつかの図書館で働いてきました。
転勤になった際にまずおこなったのが、愛知県郷土資料刊行会から出版された各区の歴史シリーズを読むことでした。中村図書館に転勤になった際は横地清さんの書かれた『中村区の歴史』です。この本には、中村区の歴史や名所・旧跡などが紹介してあり、中村区について知るには最適の一冊です。

その次におこなったのが街歩きでした。街歩きと言っても通勤の際にひとつ前の駅やバス停で降りて歩く、大通りではなく１本入った路地を歩くという 10 分程度の簡単なものです。すると自分だけのとっておきの場所に出会うことがありました。

中村区での最初の出会いは喫茶店でした。中村公園駅からの参道や１本入った路地に太田忠司さんの『名古屋駅西 喫茶ユトリロ』（角川春樹事務所）に登場するような地元に愛される喫茶店がありました。入口の横にはサンプルの入ったケース、フカフカのソファー、ゲーム機一体型のテーブル。大学時代に必死でインベーダーゲームに興じたのと同じようなテーブルでした。このテーブル、いざ座って食事をしようとすると足がテーブルの下に入らず、足のやり場に困ってしまう使い心地の悪いテーブルです。今でも残っている所を見ると、喫茶店でゲームを楽しむ人がいるということなのでしょうか。そしてそんな喫茶店でミートスパを頼むと出てきたのはもちろん鉄板にのった熱々のミートスパでした。

次の出会いはかつての中村遊郭の建物でした。市の都市景観重要建築物に指定され、今はデイサービスセンターになっている松岡旅館。数年前に蕎麦屋として生まれ変わった牛若。こうして今も昔の姿を残す建物もあれば、取り壊され姿を消した建物や放置されたまま老朽化が進んだ建物もありました。この風景がいつまでもこのまま残っているとは思えません。この界隈はぜひ今のうちに歩いておかれることを強くお薦めします。中村遊郭に関する本では神崎宣武さんの『聞書き 遊郭成駒屋』（筑摩書房）をお薦めします。建物の取り壊し現場と出会ったことから足を踏み入れた中村遊郭。そこで知り合った仲居さんやその周りの人たちから聞いた様々な証言。今も残る建物を見るだけではわからない生の遊郭が描かれています。

最後の出会いは感動的な風景でした。中村日赤駅の１番出入口を出て左手側に進むとすぐに路地があります。この路地を西へ向かって進んで下さい。路地の両側には昔ながらの建物が残っており、長屋の２階欄干に腰かけた人から声をかけられそうな錯覚に陥ります。路地の中ほどまで来たら後ろを振り返って下さい。名古屋駅前のビル群が路地の先に見えます。特にビルに明かりが灯った夜景は最高です。東京の下町から見る東京スカイツリーがよく雑誌などに紹介されていますが、全然負けてはいません。ぜひ自分の目でお楽しみ下さい。

最後に、中村図書館の宣伝をちょっと。中村図書館には、先ほど紹介した本のほかにも中村区ゆかりの豊臣秀吉と加藤清正に関連する本などを所蔵しています。ぜひ中村図書館にお越しいただき、本の森の中を探索してみて下さい。

路地にて（遠くに名古屋駅のビル群が見える）

中村区の歴史・略年表

作成：柴垣勇夫

（縄文時代）

紀元前1500年　遊里ヶ池遺跡・縄文後期土器あり海退で沖積地の陸地化進む

（弥生時代）

紀元前5~300年　広井町遺跡・水神平式土器の壺あり稲作文化がこの地に始まるか

（古墳時代）

400~450年　藤の宮通りに古墳？初期須恵器の短頸壺あり（近接の西区で出土）

600~700年　岩塚古墳群形成、横穴式石室墳築造、石棺も造られる？

（奈良時代）

750年頃　愛知郡中村郷、油江里などから平城京へ米が貢納される（木簡が出土）

（平安時代）

1000年頃　則武荘、高畠荘が一条家の荘園とされている記録がある

（鎌倉時代）

1193年（建久3）　一条家の高畠荘が子女に譲られる記録がある

1199年（正治元）　一楊御厨が伊勢神宮領として吾妻鏡にみえる

1242年（任治3）　著者源親行、萱津の東宿で市の賑わいに会う（『東関紀行』に記す）

1282年（弘安5）　醍醐寺・浄金剛院領に愛智郡土江里、油江里、千竃郷越智里の地名あり

1298年（永仁6）　この頃熱田社領として上・中・下中村郷、大脇郷の地名あり

1306年（嘉元4）　鎌倉御家人千竃時家、尾張千竃郷、いはくに保などを子女に分与する

1315年（正和4）　一楊御厨（近衛家領・伊勢神宮御厨）と円覚寺領富田荘との境争論おこる

1320年（元応2）　則武名が愛智頼貞の地頭職として安堵された記録がある。

（室町時代）

1349年（貞和5）　一楊御厨と円覚寺富田荘との争論で和与が成立

1365年（貞治4）　日比津・大円寺の五輪塔にこの年号が刻まれている

1396年（応永3）　幕府執事・伊勢氏と円覚寺との間で富田荘と伊勢氏の所領・上総国堀代郷等との交換が成立。円覚寺領富田荘の記録はこの年を最後に消える

1410年（応永17）　大円寺の宝篋印塔の基礎に野尻氏の墓碑としてこの年号が刻まれる

1423年（応永30）　稲葉地・遼雲寺の墓碑にこの年号と孝子又次郎敬白と記す

（戦国時代）

1536年（天文5）豊臣秀吉（木下藤吉郎）中村の地に木下弥右衛門の長子として誕生

1536年（天文5）凌雲寺を創建したという津田氏初代信光（玄凌居士）の墓碑とみられる宝篋印塔あり、基礎にこの年号を刻む

1540年（天文9）小出秀政、中村の地にて政重の長子として誕生（母は秀吉の母の妹）

1558年（永禄元）秀吉、織田信長（当時清須城主）の家臣となる

1560年（永禄3）桶狭間の戦、信長、今川義元を討つ。稲葉地城主津田氏三代与三郎戦死

1562年（永禄5）加藤清正、中村の地にて清忠の長子として誕生

1582年（天正10）本能寺の変おこる。明智光秀、信長を倒す。秀吉、京都山崎で光秀を討つ。太閤検地始まる

1590年（天正18）秀吉、天下統一

1591年（天正19）秀吉朝鮮征討発令、翌年文禄の役

1597年（慶長2）秀吉朝鮮再征を命ず。慶長の役

1598年（慶長3）秀吉没す。在朝鮮諸将を召還

1600年（慶長5）関ヶ原の戦。清正、秀政とも東軍につく。清正は肥後領主、秀政は岸和田領主になる

（江戸時代）

1607年（慶長12）徳川義直、清須から尾張へ移封

1610年（慶長15）名古屋城築城開始。清正、天守台を担当

1611年（慶長16）清正、熊本にて没す

1624年（寛永元）中村勘三郎、江戸に猿若座を建てる

1658年（万治元）初代中村勘三郎、没す（62歳）

1663年（寛文3）二代藩主光友、巾下水道を計画、小鳥町遺跡で木樋など発見

1739年（元文4）幕府、尾張七代藩主宗春の華美な政策を咎め蟄居を命じる

1810年頃（文化年間）牧朴斎、笹島にて笹島焼を始める

1832年（天保3）日比津各地に定徳寺住職日潤上人揮毫「南無妙法蓮華経」の石碑建立

1838年（天保9）日潤上人、久遠寺六十世貫主として寂す（80歳）

1843年（天保14）牧朴斎（笹島焼初代）、十二代藩主斉荘に呼ばれ、御前製作をおこなう

1844年（弘化元）『尾張名所図会』前編刊行（後編は明治13年）

（明治時代以降）

1869年（明治2）尾張藩が版籍奉還し名古屋藩と改む

1871年（明治4）廃藩置県により名古屋藩を名古屋県とする

1872年（明治5）名古屋県を愛知県と改称（やがて額田県を併合）、六大区制をとる。名古屋は第一区、愛知郡は第二区

1873年（明治6）	小学校の前身学校、各地に創立
1876年（明治9）	愛知県内十八区に。名古屋区の誕生
1883年（明治16）	県令国貞廉平、豊公誕生地の中村を視察
1885年（明治18）	豊国神社正殿竣工、県令国貞廉平逝去
1886年（明治19）	東海道線名護屋停車場開設（のち名古屋駅と改称）。小学校令発令
1888年（明治21）	市制、町村制公布
1889年（明治22）	名古屋区が名古屋市となる
1890年（明治23）	関西鉄道開業し、草津～四日市間開通
1891年（明治24）	濃尾大震災おこる。名古屋停車場全壊
1895年（明治28）	関西鉄道愛知駅、笈瀬村に開設、名古屋電気鉄道認可
1898年（明治31）	豊太閤三百年祭を契機に「中村旧跡保存会」設立
1900年（明治33）	中央線名古屋～多治見間が開通
1901年（明治34）	中村公園敷地、中村旧跡保存会から県に寄付、公園整備着工。明治橋竣工
1907年（明治40）	関西鉄道を国が買収
1910年（明治43）	豊国神社に加藤清正を合祀、清正公三百年祭挙行、中村公園拡張開園
1921年（大正10）	太閤山常泉寺に豊太閤銅像建設
1923年（大正12）	中村公園名古屋市に移管、運動場竣工。旭遊郭が中村に移転営業開始
1924年（大正13）	名古屋新聞主催の煙火大会、遊里ケ池で開催
1928年（昭和3）	中村遊郭で初めて花魁道中行われる
1930年（昭和5）	豊国神社奉献大鳥居竣工式挙行
1932年（昭和7）	笈瀬川暗渠工事なる
1937年（昭和12）	新名古屋駅舎営業開始・稲葉地配水塔完成・日本赤十字名古屋病院開設。中村区創設、名古屋市十区制
1938年（昭和13）	中村区役所新庁舎完成（旧庁舎）
1941年（昭和16）	豊太閤銅像を軍需用金属として供出
1944年（昭和19）	学童疎開促進要綱が通達される
1945年（昭和20）	空襲で国民学校全焼、敗戦
1947年（昭和22）	六・三制義務教育実施
1949年（昭和24）	中村競輪場、中村児童館開設
1951年（昭和26）	社会教育協力委員制度発足
1957年（昭和32）	名古屋駅前地下街誕生、地下鉄名古屋駅～栄町間開通

1958年（昭和33）	売春防止法施行、名楽園廃業
1959年（昭和34）	伊勢湾台風来襲
1960年（昭和35）	正悦山妙行寺に加藤清正銅像建つ
1964年（昭和39）	東海道新幹線運転開始、中村区役所総合庁舎完成
1965年（昭和40）	中村図書館、稲葉地配水塔に開館
1966年（昭和41）	黄金こ線橋完成
1967年（昭和42）	豊清二公顕彰館、中村公園結婚式場開館
1968年（昭和43）	名楽福祉会館開館、区政協力委員制度発足
1969年（昭和44）	名古屋市人口200万人突破、中村区人口20万人となる、地下鉄名古屋・中村公園間開通
1971年（昭和46）	市電、栄〜笹島間廃止
1972年（昭和47）	市電、笹島〜稲葉地間廃止、中村公園スポーツセンター開館
1973年（昭和48）	稲葉地市電運輸事務所跡地に中村青年の家開設
1977年（昭和52）	ヒマラヤ美術館開館
1978年（昭和53）	地下鉄中村公園〜高畑間着工
1981年（昭和56）	日本赤十字名古屋第一病院に救急医療センター完成
1982年（昭和57）	地下鉄中村公園〜高畑間開通
1983年（昭和58）	中村公園に日吉丸ブロンズ像完成（中村ライオンズクラブ寄贈・制作責任石黒将二氏）
1985年（昭和60）	中村生涯学習センター開館
1988年（昭和63）	太閤山常泉寺に地元民の寄付により豊太閤銅像再建
1989年（平成元）	地下鉄桜通線中村区役所〜今池間開通
1991年（平成3）	中村公園文化プラザ開館、中村図書館・秀吉清正記念館（豊清二公顕彰館を名称変更）を併設
1994年（平成6）	地下鉄桜通線今池〜野並間開通
1997年（平成9）	大一美術館開館
1999年（平成11）	JRセントラルタワービル竣工
2000年（平成12）	JRセントラルタワーにて高島屋、マリオットアソシアホテル開業
2007年（平成19）	〜2016年（平成28）名古屋駅前高層ビル群竣工
2011年（平成23）	リニア中央新幹線整備計画決定、中村区役所を皮切りに可動式ホームを地下鉄各駅に導入
2012年（平成24）	愛知大学名古屋キャンパス開校
2016年（平成28）	中京テレビ新社屋ささしまライブに開業、リニア中央新幹線名古屋駅着工・起工式挙行
2017年（平成29）	ささしまライブ24全面開業、初代中村勘三郎記念像中村公園に建立

参考文献

愛知県教育委員会『愛知県中世城館跡調査報告Ⅰ』（尾張地区）、１９９４年
愛知県郷土資料刊行会編『尾張名所図会』１９７０年
愛知県警察部『明治二十四年十月二十八日震災記録』（復刻）愛知県総務部消防防災課、１９７３年
愛知県史編さん委員会『愛知県史』資料編六 古代一、１９９９年
愛知県史編さん委員会『愛知県史』通史編二 中世一、２０１８年
愛知県史編さん委員会『愛知県史』別編文化財二絵画、２０１５年
浅井正明『中村公園　豊臣秀吉ゆかりの公園百年の歴史を探る』財団法人名古屋市公園緑地協会、１９８５年
新井恒易『農と田遊びの研究』明治書院　１９８１年
池田誠一『なごやの古道・街道を歩く』風媒社、２００７年
池田誠一『なごやの鎌倉街道をさがす』風媒社、２０１２年
伊藤正博／沢井鈴一『堀川　歴史と文化の探索』２０１４年
大矢雅彦／杉浦成子 調査・編集『庄内川治水地形分類図』建設省中部地方建築局庄内川工事事務所、１９７９年
『尾張名所図会』前編五（巻之五）、１８８０年
『尾張名所図会 付録』小治田真清水巻之三、１８５３年
蔭山誠一／加藤博紀／鬼頭剛／鈴木正貴／松田訓「中世萱津を考える」『愛知県埋蔵文化財センター研究紀要』第八号、２００７年
加藤康司「名古屋岩塚七所社のキネコサ祭」（『旅と伝説』１５－６）１９４２年
木村有作「名古屋台地の「水」環境考Ⅲ―干潟をのぞむ湊小考」『名古屋市見晴台考古資料館研究紀要』第五号、２００３年
木村有作「水を結ぶ・陸を繋ぐ―名古屋台地の「水」環境Ⅳ」『名古屋市見晴台考古資料館研究紀要』第八号、２００８年
神崎宣武『聞書き 遊廓成駒屋』筑摩書房、２０１７年
新修名古屋市史編集委員会編『新修名古屋市史』第一巻、１９９７年
新修名古屋市史編集委員会編『新修名古屋市史』第二巻、１９９８年
新修名古屋市史編集委員会編『新修名古屋市史』第五巻、２０００年
新修名古屋市史編集委員会編『新修名古屋市史』資料編 考古一、２００８年
新修名古屋市史編集委員会編『新修名古屋市史』資料編近代一、２００６年
新修名古屋市史編集委員会編『新修名古屋市史』資料編現代、２０１２年
新修名古屋市史編集委員会『新修名古屋市史』第九巻民俗編、２００１年
瀬口哲夫／飯田喜四郎／竺覚暁『近代建築ガイドブック 東海・北陸編』鹿島出版会、１９８５年

瀬野精一郎編『日本荘園史大辞典』吉川弘文館、２００３年
高田祐吉『名古屋城石垣の刻紋』続・名古屋城叢書２、１９９９年
高田祐吉『石垣刻印が明かす築城秘話　名古屋城』文化財叢書第九六号、名古屋市教育委員会、２００１年
田中重策『尾張國愛知郡誌』駕竜閣、１８８９年
長浜城歴史博物館編『神になった秀吉―秀吉人気の秘密を探る』２００４年
中村区制十五周年記念協賛会『中村区史』中村区制十五周年記念協賛会、１９５３年
中村区制施行50周年記念事業実行委員会記念誌部会編『中村区誌　中村区制施行50周年記念』１９８７年
名古屋市編『名古屋市史』社寺編、１９１５年
名古屋市編『名古屋市史』地理編、１９１６年
名古屋市編『名古屋市史』政治編第三、１９１６年
名古屋市役所『名古屋市上下水道事業報告』１９３８年
名古屋市教育委員会編「名古屋市中村区小鳥町遺跡」『旧城下町遺構発掘調査報告書Ⅰ』名古屋市教育委員会、１９８３年
名古屋市教育委員会編『名古屋の史跡と文化財（新訂版）』名古屋市教育委員会、１９９０年
名古屋市教育委員会『名古屋市遺跡分布図　中村区』１９９１年
名古屋市教育委員会『名古屋城下の山車行事調査報告書』２０１８年
名古屋市秀吉清正記念館編『旗本木下家資料ハンドブック』２００４年
名古屋市中村図書館編『中村公園　河童聞き書き』広報用冊子、２０１６年
名古屋市見晴台考古資料館『特別展　名古屋の縄文時代』１９９３年
日本建築学会東海支部歴史意匠委員会編「東海の近代建築」中日新聞本社、１９８１年
日本建築学会編『総覧 日本の建築５ 東海〈岐阜・静岡・愛知・三重〉』新建築社、１９８６年
林英夫監修『愛知県の地名』日本歴史地名大系二三、平凡社、１９８１年
藤川壽男『ナゴヤ地下街誕生物語』C&D出版、２００７年
堀新／井上泰至編『秀吉の実像と虚像』笠間書院、２０１６年
舟橋武志『探索・名古屋西部の鎌倉街道』ブックショップマイタウン、２０１３年
横地清『中村区の歴史』愛知県郷土資料刊行会、１９８３年
横地清『中村区歴史余話』愛知県郷土資料刊行会、１９９２年

＊

福原稔「名古屋中村界隈のむかしばなし」未公刊

[編著者紹介]
柴垣勇夫（しばがき・いさお）
1941年生まれ。64年、静岡大学文理学部文学科卒業。
98年、岡山大学大学院文化科学研究科修了（文化科学博士）。
愛知県教育委員会文化財課、愛知県陶磁資料館学芸課を経て静岡大学生涯学習教育研究センター教授、静岡大学名誉教授。元愛知淑徳大学情報学部教授。
著書：『東海地域における古代中世窯業生産史の研究』（真陽社）、『新修名古屋市史』第1巻、『愛知県史』別編窯業1（古代猿投系）、『長久手町史』資料編5考古など。

[執筆者紹介]（50音順）
伊藤正博（いとう・まさひろ）堀川文化探索隊
加美秀樹（かみ・ひでき）文筆家、写真家
木村有作（きむら・ゆうさく）名古屋城調査研究センター学芸員
田中青樹（たなか・はるき）愛知淑徳大学非常勤講師
種田祐司（たねだ・ゆうじ）元名古屋市博物館学芸員
坂東 彰（ばんどう・あきら）名古屋市中川図書館長
水谷栄太郎（みずたに・えいたろう）愛知淑徳大学非常勤講師

装幀／三矢千穂

＊カバー写真提供　名古屋市（駅西銀座通　昭和中期）
　　　　　　　　　加美秀樹

名古屋の歴史と文化を楽しむ1　中村区まち物語

2019年9月20日　第1刷発行　（定価はカバーに表示してあります）

編著者　柴垣 勇夫

発行者　山口 章

発行所　名古屋市中区大須1丁目16番29号
電話 052-218-7808　FAX052-218-7709
http://www.fubaisha.com/
風媒社

乱丁・落丁本はお取り替えいたします。　＊印刷・製本／シナノパブリッシングプレス
ISBN978-4-8331-0186-8

溝口常俊 編著

古地図で楽しむなごや今昔

地図は覚えている、あの日、あの時の名古屋。なぜ、ここにこれがあるのか？人の営み、風景の痕跡をたどると、積み重なる時の厚みが見えてくる。歴史探索の楽しさ溢れるビジュアルブック。

一七〇〇円＋税

溝口常俊 監修

明治・大正・昭和 名古屋地図さんぽ

いま自分がいる場所の五十年前、百年前には何があったのか。どんな風景が広がっていたのか。廃線跡から地形の変遷、戦争の爪痕、自然災害など、地図に刻まれた名古屋の歴史秘話を紹介。

一七〇〇円＋税

杉野尚夫

名古屋地名ものがたり

長年名古屋市の都市計画に携わってきた著者による地名をめぐる十五のストーリー。馴染みはあるけど、意外に知らない地名の由来とその土地の成り立ちを、できるだけ一次資料にあたって掘り起こす。

一六〇〇円＋税